Jenny Smedley
Tiere – Gefährten meiner Seele

Jenny Smedley

Tiere
Gefährten meiner
Seele

Ein Trostbuch für alle, die einen geliebten Tierfreund verloren haben

Aquamarin Verlag

Die Autorin

Jenny Smedley lebt mit ihrem Mann und ihrem Hund KC in England, im schönen Somerset.

www.jennysmedley.com

1. Auflage 2010

Voglherd 1 • D-85567 Grafing
www.aquamarin-verlag.de

Titel der englischen Originalausgabe:
Pets have souls too
Hay House, London 2009

Deutsche Übersetzung: Dr. Edith Zorn

Umschlaggestaltung: Annette Wagner
Druck: Bercker • Kevelaer

ISBN 978-3-89427-542-6

Inhalt

Widmung

Ich widme dieses Buch all jenen Tieren, die bereit waren, mich an ihrem Bewusstsein teilhaben zu lassen.

Ich widme es ebenfalls meinem Seelengefährten, Tony, der mich seit vielen Leben begleitet und ohne den es mein heutiges Wirken nicht gäbe.

Ich möchte all den wunderbaren Menschen danken, die zu diesem Buch beitrugen und meine endlosen Fragen bezüglich ihrer Geschichten beantworteten. Sie haben große Geduld und Seelenstärke gezeigt, da sie sehr emotionale Augenblicke in ihrem Leben nochmals durchleben mussten.

Mein Dank gilt Hay House für diese Gelegenheit.

Die Regenbogenbrücke

Unmittelbar diesseits des Himmels liegt ein Ort, den man die *Regenbogenbrücke* nennt. Stirbt ein Tier, das hier jemandem besonders nahe stand, geht es zur *Regenbogenbrücke.* Dort gibt es Wiesen und Hügel für alle unsere besonderen Freunde, wo sie gemeinsam herumlaufen und miteinander spielen können. Es gibt eine Fülle von Futter, Wasser und Sonnenschein, und unsere Freunde haben es warm und gemütlich. Kranke und alte Tiere gewinnen ihre Gesundheit und Vitalität zurück. Die verletzten und verkrüppelten werden wieder heil und kraftvoll, so wie wir sie in unseren Träumen noch sehen. Die Tiere sind glücklich und zufrieden. Aber sie vermissen jemand Besonderen, jemanden, den sie zurückließen. Sie tollen umher und spielen, bis eines Tages einer von ihnen innehält und in die Ferne schaut. Seine strahlenden Augen blicken aufmerksam. Sein ungeduldiger Körper beginnt zu zittern. Plötzlich löst er sich von der Gruppe und fliegt schneller und schneller über das grüne Gras.

Du bist erspäht worden, und wenn ihr, du und dein besonderer Freund, euch schließlich begegnet, haltet ihr euch in glücklicher Wiedervereinigung umklammert, um niemals mehr getrennt zu werden. Freudenküsse bedecken dein Gesicht. Deine Hände liebkosen den geliebten Kopf und du blickst wieder in die treuen Augen, die so lange aus deinem Leben verschwunden waren, aber niemals aus deinem Herzen. Dann überschreitet ihr die Regenbogenbrücke gemeinsam.

UNBEKANNTER AUTOR

Einführung

Tieren galt stets meine besondere Liebe. Ihr unverdorbener Geist und ihre treue, bedingungslose Liebe ließen mich in meiner Jugend oft wünschen, es gäbe nur Tiere auf der Welt. Sie urteilten nicht über mich und kamen mir offen und ehrlich entgegen. Es spielte keine Rolle, ob es sich um ein niedliches, kuscheliges oder stacheliges Tier handelte oder um verabscheute Geschöpfe, wie Ratten und Mäuse. Ich liebte sie alle gleichermaßen und fühlte seit frühesten Kindertagen mit ihnen. An meine erste Beziehung zu Tieren, etwa im Alter von zwei Jahren, erinnere ich mich nur noch verschwommen. Meine Mutter erzählte mir später Einzelheiten.

Sally

Obwohl sich die Begeisterung meiner Eltern, Haustiere zu haben, in Grenzen hielt, hatte man sie überredet, eine zweijährige Hündin namens Sally aufzunehmen. Sally war eine Mischung aus Bull Terrier und Boxer. Sie sah sehr eindrucksvoll aus mit ihrem weichen, vorwiegend schwarzen Fell, der weißen Brust und dem ingwerfarbenen Beiwerk, wie ihren Augenbrauen, den Fußreifen und der feinen Trennlinie zwischen dem weißen und schwarzen Fell. Man hatte meiner Mutter versichert, dass es sich um einen wohlerzogenen Hund handele, der niemals aggressiv reagiere, eine Garantie, die ich gründlich auf die Probe stellen sollte. Am Tag ihrer Ankunft erhielt Sally einen großen Markknochen, mit dem sie sich bald im Garten niederließ und zufrieden daran nagte. Meine Mutter beobachtete die Szene, wurde aber von der Ankunft einer

Nachbarin vorübergehend abgelenkt. Als sie in die Küche zurückkehrte und aus dem Fenster blickte, traute sie ihren Augen nicht. Entsetzt sah sie ihre Zweijährige (mich) über die Wiese wanken, sich über den Hund beugen und ihm den Knochen aus dem Maul ziehen. Da es zu spät war, irgendetwas zu unternehmen, außer zu schreien, was den Hund unter Umständen zu einer gefährlichen Reaktion veranlasst hätte, blieb ihr nur, angstvoll zu beobachten, was als Nächstes geschah. Offenbar ging ich mit dem Knochen in der Hand einfach davon, und die arme Sally trottete hinter mir her. Dies war der Beginn einer lebenslangen Freundschaft.

Als Sally in die Familie kam, war sie ebenso alt wie ich. Wir wuchsen gemeinsam auf. Sie begleitete und beschützte mich. Eines Tages erhob mein Onkel Phil, ein ausgesprochen liebenswürdiger Mensch, die Hand, um eine Fliege über meinem Kopf zu verscheuchen. Sally, die glaubte, er wolle mich schlagen, sprang zwischen uns, ergriff seinen Arm und hielt ihn fest, ohne zuzubeißen, was sie niemals tat. Von frühester Kindheit an konnte ich unbekümmert durch die Natur streifen, solange mein Schutzengel Sally mich begleitete. Zwölf Jahre lang war sie meine Spielgefährtin und beste Freundin. Wir unternahmen alles gemeinsam.

Schwäne füttern

Ich muss noch sehr jung gewesen sein, als ich meine Mutter wieder einmal mit meiner lässigen Art Tieren gegenüber in Angst versetzte. Die Ferien verbrachten wir gewöhnlich im Hotel meiner Tante May in Southsea, in Hampshire. Am liebsten fütterte ich die über unseren Köpfen aufsteigenden Möwen. Ich hatte bald erkannt, dass stets, wenn ich das Brot so hoch ich konnte in die Luft warf, einer dieser fliegenden Akrobaten den Brocken schnappte, ehe er zu Boden fiel. Ich bewunderte ihr einzigartiges Geschick. Eines Tages nahm mich meine Mutter mit in den Park und ließ sich auf einer Bank nieder, während ich glücklich umherwanderte. Mit einem Mal sah sie mich von sieben Schwänen umringt. Sie wusste nichts von dem halben Brotlaib in meiner Tasche, den ich diesen großen „Möwen“ verfüttern wollte, und meinte, die Schwäne seien doch viel größer als ich. Da stand ich nun mitten unter diesen riesigen weißen Vögeln mit ihren blinkenden Schnäbeln und schlagenden Schwingen. Als sie herbeieilte, erkannte sie zu ihrer Überraschung, dass ich vollkommen Herr der Situation war. Der Reihe nach gab ich jedem Vogel ein Stück Brot, schimpfte, wenn sich einer dazwischen drängte, und schob seinen Schnabel energisch zur Seite. Erstaunlicherweise gingen sie sehr sanft mit mir um. Als das Brot verfüttert war, forderte ich sie auf zu gehen, was sie auch taten.

Die Sache mit dem Affen

Abgesehen von dem langgehegten Wunsch, ein eigenes Pony zu besitzen, und der Liebe zu meinen verschiedenen Hasen und anderen Tieren, erinnere ich mich an eine besondere Beziehung zu dem Affen meines Bruders. Außer mir war er der Einzige in der Familie, der ein eigenes Tier haben wollte, aber nur einen Affen, was wohl eher auf das Ansehen, ein exotisches Tier zu besitzen, und weniger auf die allgemeine Liebe zu Tieren zurückzuführen war. Der Affe trug denselben Namen wie der Schimpanse in den Tarzan-Filmen und wurde Cheetah gerufen, was ich nicht sehr originell fand. Als damals Achtjährige wusste ich nicht, welcher Spezies er angehörte, aber er glich einem kleinen Schimpansen. Er besaß ein riesiges Gehege im Garten und war nicht einfach zu handhaben, da er die Leute oft zwickte. Meine Mutter erzählte mir, dass sie mich eines Tages im Garten herumspazieren sah und Cheetah, der mich mit seinen Armen umschlungen hielt, wie ein Kleinkind auf meiner Hüfte trug. Ich kann mich sogar noch an das Gefühl erinnern, das ich empfand, als sich der warme kleine Affenkörper fest an mich schmiegte. Kurz darauf fand Cheetah ein neues Zuhause, in dem er mit anderen seinesgleichen leben konnte. Ich hatte mehr oder weniger darauf gedrungen, da er sich in seinem Käfig offensichtlich nicht wohl fühlte und aus diesem Grunde die Leute zwickte.

Der verletzte Vogel

Ich wurde ein richtiger Wildfang und erinnere mich an endlose Sonnentage, die ich draußen in Gesellschaft möglichst vieler Tiere verbrachte. Aber meine Beziehung zu ihnen und mein Mitgefühl begannen mich zu belasten. Die geringste Verletzung, die ein hilfloses Geschöpf, gleichgültig ob Mensch oder Tier, erleiden musste, schmerzte mich zutiefst. Ich erinnere mich noch genau an den Tag, an dem ich erkannte, dass ich mich von den übrigen Familienmitgliedern unterschied. Als wir eines Tages mit dem Auto unterwegs waren, entdeckte ich ein Rothuhn, das bewegungslos mitten auf der Fahrbahn hockte. „Anhalten!“, schrie ich. Obwohl nicht besonders erfreut, bremste mein Vater. Leicht ungeduldig meinte er: „Du kannst ja doch nichts machen.“ Ich stieg aus, näherte mich dem Vogel und nahm das torkelnde Tier vorsichtig mit beiden Händen auf. Es zeigte keinerlei Verletzungen, und seine Beine und Flügel waren in Ordnung, aber es schien von einem Auto gestreift worden zu sein und hatte wohl einen Schock erlitten. Vorsichtig trug ich den Vogel zum Straßenrand, grätschte über die Absperrung und setzte ihn behutsam ins Gestrüpp. Ich war mir sicher, dass er sich in diesem geschützten Umfeld allmählich erholen würde.

Im Gegensatz zu meiner Familie, in deren Augen ich mich nur lächerlich machte, ging uns der Vogel meiner Ansicht nach durchaus etwas an. Warum war es jemandem einfach nicht möglich, eine verletzte Kreatur sich selbst zu überlassen, während sich andere Menschen achtlos abwandten? Diese Frage beschäftigte mich jahrelang. Mit dem einen oder anderen aus meiner Familie überwarf ich mich beinahe, weil ich ihre Verhaltensweise nicht billigen konnte. Sie verstopften die Löcher in den Außenwänden ihrer Schuppen, um die Hausschwalben am Nisten zu hindern, und schlugen Fledermäuse zu Tode, die sich ins Schlafzimmer verirrt hatten. Mein Vater ließ eine Katze einfach liegen, nachdem er sie mit dem Auto angefahren hatte, ohne zu prüfen, ob sie noch lebte, oder den Besitzer zu informieren, der vielleicht monatelang nach ihr suchte. Solche Dinge machten mich wütend, obwohl meine Familie keine bewusst grausamen oder herzlosen Leute sind. Es fehlt ihnen einfach der Bezug zu Tieren, wohingegen ich diese mehr liebte als die meisten Menschen.

Kommunikation

Während die anderen Teenager nur Jungen und Make-up im Kopf hatten, streifte ich gewöhnlich in meist recht schmuddeligen Reithosen umher und rettete irgendein Tier. Herrenlose und verirrte Geschöpfe nahm ich mit nach Hause, brachte sie in Kisten oder Käfigen unter und versuchte ihnen zu helfen, sich von ihren Verletzungen zu erholen.

Das ausschlaggebende Erlebnis, das mich meine enge Beziehung zu Tieren begreifen ließ, sehe ich noch lebhaft vor Augen, wie ein gegen unsere Glastür geflogener Sperling bewegungslos am Boden lag. Ich hob ihn auf. Der Schwanz des armen kleinen Geschöpfes war seltsam nach oben gebogen, ähnlich wie bei einem Zaunkönig, und es befand sich offensichtlich in großer Not. Vorsichtig hielt ich den Vogel in meinen Händen und überlegte, wie ich ihm am besten helfen konnte. Zu meiner großen Überraschung vernahm ich innerlich die Worte: *Mein Schwanz, biege meinen Schwanz zurück.* Ich glaubte kaum, ein Wunder bewirken zu können, und war mir nicht sicher, ob ich wirklich etwas vernommen hatte. Ängstlich, dem Vogel nicht noch mehr Schmerz zuzufügen, bewegte ich den Schwanz vorsichtig nach unten. Mit einem befriedigenden „Klick“ sprang er zurück in seine Gelenkpfanne und war wieder gerade. Überglücklich öffnete ich meine Hände, und der Vogel flog gesundet davon. Ich war begeistert und erkannte mit einem Male, dass es sich bei meinem Verhältnis zu Tieren nicht um irgendeine Beziehung handelte, sondern dass diese Geschöpfe tatsächlich mit mir kommunizierten, ich aber bis dahin zu jung gewesen war, diesen Zusammenhang zu begreifen.

Seit jenem Tag fand diese Kommunikation regelmäßig statt, und die verletzten Tiere, die ich fand, konnten mir sagen, was sie benötigten. Die meisten wünschten einen ruhigen, dunklen, warmen Platz zum Ausruhen, bisweilen auch, um sich zu erholen. Andere wollten sich nur still zum Sterben zurückziehen.

Manchmal war es sehr schwierig, dem Flehen der Tiere nicht ausreichend nachkommen zu können. Eines Tages fuhren mein Mann und ich auf der Autobahn, als ich auf der weißen Trennungslinie zwischen der langsamen Spur und dem festen Bankett eine Katze entdeckte. Sie lag zwar nicht im Sterben, war aber offensichtlich verletzt und unfähig, sich zu bewegen. Innerlich vernahm ich ihren entsetzten Hilfeschrei: *Hilf mir*! Das Ganze ereignete sich im Bruchteil einer Sekunde, während wir vorbeisausten. Als es mir zum Bewusstsein kam, waren wir bereits mehrere Kilometer entfernt, und der rasende Verkehr erlaubte es nicht, kurz anzuhalten. Außerdem wäre es zu gefährlich und gesetzeswidrig gewesen. Selbst als ich über die Möglichkeit nachdachte, dem Tier zu helfen, fuhren wir im selben Tempo weiter. Da entdeckte ich ein Notruf-Telefon.

Tony fuhr zur Seite und setzte die Warnblinklichter. Während ich die Nummer wählte, donnerte der Verkehr unerbittlich vorbei und machte mir noch stärker bewusst, was die arme Katze durchmachen musste, die sich noch näher an der Fahrbahn befand als ich. Der Mann am anderen Ende der Leitung betrachtete eine verletzte Katze nicht als Notfall. Es gehe um die *Katze*, erläuterte ich, konnte ihn aber erst überzeugen, als ich das Tier als Hindernis bezeichnete, das einen Unfall verursachen könnte, was dann sein Verschulden wäre. Er erklärte sich bereit, einen Notfallwagen an die Stelle zu schicken und die Katze zu entfernen. Den ganzen Tag über versuchte ich intuitiv, etwas über das arme Geschöpf in Erfahrung zu bringen, leider ohne Erfolg. Vielleicht war sie gestorben, ehe man sie zu retten vermochte, oder die Entfernung zwischen uns war zu groß, um mich erreichen zu können. Ich gab auf. Auf der Rückfahrt kamen wir wieder an jener Stelle vorbei. Ich blickte natürlich hinüber, dachte an die Katze und führte sie mir vor Augen. Plötzlich spürte ich die Erleichterung, die das Tier empfunden hatte, als man es aus seiner Situation befreite, und wusste, dass ihm geholfen worden war.

Mit Tieren fühlen

Sich in Tiere hineinzuversetzen, hat mir das Leben mitunter sehr erschwert. Obwohl ich auf dem geistigen Pfad voranschreite, kämpfe ich tagtäglich mit den Gefühlen, die ich auffange. Mein Blut kocht, wenn ich Leute sehe, die ein hilfloses Tier misshandeln. Entdecke ich einen an einem heißen Tag in einem Auto eingeschlossenen Hund, kann ich nicht weitergehen, da mich das Tier um Hilfe anfleht. Wie oft habe ich gewartet und den Besitzer zur Rede gestellt, wenn er zurückkam, und ihn gebeten, selbst einmal eine Weile in dem heißen Wagen zu sitzen und zu sehen, wie es sich anfühlt. Ein oder zweimal habe ich, als es mir zu lange dauerte, die Polizei gerufen, den Wagen aufzubrechen. In einem Fall war die Wagentür unverschlossen, und ich konnte einen wunderschönen, völlig verzweifelten Golden Retriever befreien, sehr zur Überraschung des verärgerten Besitzers, der von einem Boccia-Spiel zurückkehrte. Zum Glück vermochte ich ihn davon zu überzeugen, dass ich richtig gehandelt hatte. Schließlich dankte er mir für die Rettung seines Hundes.

Begegnet mir ein Wagen voller Schafe, Schweine oder Rinder auf ihrem Weg zum Schlachthof, kann ich ihre Verzweiflung und Verwirrung fühlen. Oft wissen sie genau, wohin sie transportiert werden, da sie die Gedankenformen der Händler aufgefangen haben. Dann spüre ich auch ihre Todesangst. In solchen Momenten bleibt mir nur, diesen Lastwagen in das Licht und die Wärme des Schöpfers zu hüllen und die Tiere in Liebe ziehen zu lassen. Ich bin sicher, dass der Mensch in einigen Jahrhunderten auf diese

Zeiten ebenso schuldbewusst zurückblicken wird wie er heute die Art verurteilt, in der man einst die Sklaven misshandelte.

Sedona, Arizona

Trotz des Leides, das eine enge Verbindung zum Tierreich mit sich bringen mag, kann sie sehr hilfreich sein. Wenn man Glück hat, gewinnt man Zugang zu der Weisheit und dem Wissen dieser Geschöpfe und kann sich den Tierinstinkt zunutze machen. Ein Erlebnis während unseres Aufenthaltes in Sedona lieferte mir den Beweis.

Die Stadt Sedona bildet eine grüne Oase mitten im heißen, staubigen Arizona. Sie wird von einmalig schönen, vom Wind geschliffenen roten Felsen umgeben, deren Gestalt ihre Namen inspirierte, wie Kathedrale, Glocke, Schloss oder Kachina Women. Außerdem gibt es vier mächtige Energiewirbel in dieser Gegend, von denen jeder in der Nähe eines anderen Felsen liegt.

Mein Mann und ich wollten zum Kachina Felsen, der sich hinter einem Hügel verbirgt und von der Straße aus nicht zu sehen ist. Auf dem unwegsamen Pfad lässt es sich ohne Führer kaum weiterkommen, und bald hatten wir uns hoffnungslos verlaufen. Bei fast vierzig Grad und im Wissen, dass es in Arizona nicht nur Klapperschlangen und Skorpione, sondern auch Spinnen, wie die *Schwarze Witwe*, sowie Taranteln gibt, überfiel uns eine gewisse Unruhe.

Jeder Busch und jedes Stück Sandboden schaute gleich aus, und bald hatten wir keinerlei Ahnung, in welcher Richtung sich der Fels erhob oder, noch beunruhigender, wo unser Auto stand. Die Sonne strahlte unerbittlich auf uns nieder, und wir bemühten uns, nicht in Panik zu geraten.

Plötzlich tauchte ein kleiner blauer Vogel vor uns auf dem Boden auf. Er hob sein Köpfchen, als wolle er uns begrüßen, und hüpfte zwischen zwei Bäumen weiter. Dann kam er zurück und wiederholte das Ganze. *Folgt mir,* vernahm ich. Wir erkannten, dass er uns helfen wollte, und folgten ihm. Er hüpfte vor uns her und hob wiederholt das Köpfchen, so als wolle er sich vergewissern, dass wir ihm auch folgten. Kurz darauf erreichten wir den Kachina Felsen. Wir waren erleichtert. Der Vogel verschwand ebenso plötzlich, wie er gekommen war. Wir standen im Schwingungsfeld dieses Felsen und meditierten. Die Botschaft, die ich auffing, besagte, dass alles gelingen werde. Die uns durchflutende Energie versetzte uns in eine Zeit zurück, in der die Erde angebetet und verehrt wurde und edle Volksstämme diese Gegend besiedelten, die man niemals hätte vertreiben sollen.

Als es Zeit wurde umzukehren, wussten wir nicht, welchen Weg wir nehmen sollten. Innerlich rief ich nach jenem kleinen Vogel, der erneut erschien und uns bis zu dem gut begehbaren Teil des Pfades brachte, der zurück zu unserem Auto führte.

Ein besonderes Geburtstagsgeschenk

Für meinen dreißigsten Geburtstag plante Tony eine wirklich einzigartige Überraschung, die meine Furchtlosigkeit und Beziehung zu Tieren in wunderbarer und magischer Form auf die Probe stellte. Worum es sich handelte, hielt er bis zum Tag der Überraschung geheim, und selbst dann wusste ich nur, dass wir unseren heimischen Zoo aufsuchen würden, der für seine Schutzprogramme berühmt war. Tony kannte meinen geheimen Wunsch: Raubkatzen faszinierten mich. Von Kindesbeinen an wünschte ich mir nichts sehnlicher, als ihnen einmal nahekommen zu dürfen und mich mit ihnen zu unterhalten.

Als wir den Zoo erreichten, kam ein Wärter auf mich zu und gab die Überraschung preis. Ich sollte ihn auf seinen Rundgängen begleiten und dabei die Raubkatzen füttern. Ich war sprachlos. Die Erregung, diesen Tieren so nahe zu kommen, ließ meine Abneigung gegen rohe Fleischbrocken völlig in den Hintergrund treten. Es erstaunte mich sehr, dass der Zoo jemandem wie mir dies erlaubte. Wenn ich darüber nachdenke, erscheint es mir selbst heute noch höchst seltsam.

Man ließ mich mit den Schakalen beginnen, was ich als Prüfung betrachtete, inwieweit ich dem Wärter, meiner Fähigkeit, seinen Anweisungen zu folgen, und meinen Nerven trauen konnte. Ein Stück Fleisch in jeder Hand, schickte man mich mit der Anweisung alleine los, in die Hocke zu gehen und die Tiere auf Armlänge von mir fernzuhalten. Der Wärter wies mich an, keine Angst zu zeigen, wenn die Schakale mich knurrend und brummend umrundeten. Sie würden mich nicht berühren. Ich spürte, dass sie sich vor mir fürchteten und trotz ihrer gespielten Tapferkeit nur ihr Futter haben wollten. Nach einigen Minuten fassten sie Mut, schnappten das Fleisch und rannten damit weg. Danach waren die etwas größeren und grimmigeren Hyänen an der Reihe. Solange ich mir keine Furcht anmerken ließe, sei ich sicher, hieß es. Ich verspürte keinerlei Angst, denn ich fühlte, dass alle diese Tiere nur ihr Futter im Auge hatten.

Anschließend wurde es wirklich spannend. Nacheinander fütterte ich einen Geparden, einen schwarzen Panther und einen Jaguar. Jeder von ihnen erhielt den Befehl (von mir), sich in sein „Haus" zurückzuziehen, was auch geschah, während ich das Fleisch ins Gehege legte. Es sprach sich herum, denn als ich nach einer Weile zum nächsten Gehege kam, suchten die Katzen augenblicklich ihre Häuser auf, ohne dass man es ihnen gesagt hatte – was ohnehin nicht mit Worten funktioniert hätte.

Die Tiger und Löwen überraschten mich, denn ich war ihnen noch niemals so nahe gekommen. Sie waren größer, als sie aus der Entfernung aussahen. Was die Löwen betraf, änderte sich der Ablauf ein wenig. Ich ging mit dem Wärter hinter die Glaswand, die die inneren Käfige vom Publikum trennt. Er wies mich an, meine Hand mit dem Stück Fleisch durch einen schmalen Spalt in der Käfigwand zu schieben, während die Löwen von außen zuschauten. Der Wärter hielt meinen Arm, da die Tiere blitzschnell herbeizurennen pflegten, ihre Pfote womöglich durch das Loch streckten und meinen Arm abrissen, wenn ich diesen nicht schnell genug zurückzog, erklärte er mir.

Die Geschwindigkeit, mit der der Löwe aus dem Stand in den Käfig schoss und das Fleisch schnappte, verblüffte mich, während der Wärter meine Hand im richtigen Moment in Windeseile herauszog.

Es folgte der aufregendste Teil des Tages. Man brachte mich zum Gehege der Schneeleoparden. Diese Raubkatzen sind unglaublich schön mit ihrer auffallenden Zeichnung. Man wies mich an, in das Sicherheitsgehege zu gehen und die Tür hinter mir zu schließen, ehe ich den eigentlichen Käfig betrat. Dort lag er, abwartend und beobachtend, etwa drei Meter von der Tür entfernt, auf dem Boden. Ließ man mich tatsächlich schutzlos und allein in die Nähe dieser Katze treten? Man ließ mich. Ich werde es niemals verstehen. Selbst wenn ein Wärter das Tier aufgezogen hatte, so blieb es ein Wildtier, und es sind Fälle bekannt, in denen Wildkatzen ihren Wärter angriffen. Welche Versicherung würde unter solchen Umständen Schadensersatz zahlen?

Den Fleischbrocken vor mir haltend, sollte ich in den Käfig gehen, mich dem Tier nähern, das Fleisch in einer Entfernung von etwa dreißig Zentimetern vor seine Pfoten legen und den Käfig rückwärts wieder verlassen. Wichtig war, dabei ununterbrochenen Augenkontakt zu wahren. Mein Herz pochte vor Freude, als ich auf den Schneeleoparden zuging und unsere Augen sich trafen. Ich fühlte nicht die Spur von Angst. Die Augen der Katze versicherten mir, dass ich sicher war, als ich mich vorbeugte und das Fleisch niederlegte. Die freudige Erregung, einem solchen wunderbaren Wildtier unmittelbar nahe zu sein, drängte alle anderen Gefühle in den Hintergrund. Ich war mir dieses Privilegs durchaus bewusst und bin wohl niemals so „im Jetzt“ gewesen.

Strandläufer

Meine enge Beziehung zu Tieren hat sich im Laufe der Jahre nicht verändert und bildet nach wie vor den wichtigsten Aspekt in meinem Leben. Als Tony und ich eines Tages am Strand von Yarmouth, in Norfolk, entlangliefen, bemerkten wir in einiger Entfernung vor uns eine gewisse Unruhe. Als wir näher kamen, sahen wir einige junge Burschen, die einen Krähenscharben, eine Art Kormoran, umringten und ihm Speckfetzen zuwarfen, die er gierig verschlang. Da der Vogel vollständig mit Öl bedeckt war, vermochte er weder zu schwimmen noch zu fliegen, seine Federn zu putzen und sich keine Nahrung mehr zu besorgen, vor allem kein Wasser. Die Jungen berichteten, dass sie ihn seit zwei Tagen am Leben hielten, indem sie ihn mit Resten fütterten. Ich fragte, warum sie ihn nicht zu einer Notfallstation gebracht hatten, da er, abgesehen von allem anderen, aufgrund der Ölverklebung bald an Unterkühlung sterben werde. Sie hatten gefürchtet, gebissen zu werden, wenn sie ihn anfassten. Ich konnte es ihnen nicht verübeln, denn der Vogel von der Größe einer Gans sah mit seinem riesigen gebogenen Schnabel furchteinflößend aus. Aber er flehte mich um Hilfe an.

Ich blickte auf Tony, der mich mit einem „Geht es schon wieder los"- Gesichtsausdruck auf das Tier zugehen, es ergreifen und unter den Arm nehmen sah. Es hatte nichts mit Mut zu tun, da ich wusste, dass der Vogel mich nicht beißen, davonlaufen oder kämpfen würde, denn er hatte es mir gesagt. Wir brachten ihn zur Küstenwache, die bei der Notfallzentrale anrief, damit man ihn abholte. Die Jungen hatten sich wenigstens um den Vogel gekümmert, auch wenn sie nicht wussten, was das Beste für ihn war.

Zu Hause, in Somerset, haben wir über dreißig Vogelarten gezählt, die wir füttern. Obwohl die Fensterscheiben mit Aufklebern übersät sind, fliegt gelegentlich ein Vogel dagegen und fällt betäubt zu Boden. Jeden Einzelnen heben wir auf, legen ihn in eine warme Kiste und stellen sie neben den Ofen, bis er sich erholt hat und wir ihn freilassen können. Bliebe er auf dem kalten Betonboden liegen, würde er bald durch den Schock oder an Unterkühlung sterben oder Beute eines Raubtieres werden. Wir haben Igel gerettet, die in unserem Garten leben, und mittlerweile eine Meute Jagdhunde daran gehindert, unseren ansässigen Fuchs zu fangen, indem wir uns zwischen sie und ihre Beute stellten und nicht vom Platz wichen.

Eine Begegnung mit Rotwild

Eines Tagen gingen wir mit unserem Hund KC auf den Quantock Hügeln spazieren, als Tiere mir eine Botschaft zukommen ließen. Tony wartete damals auf schwerwiegende medizinische Untersuchungsergebnisse, und ich hoffte auf irgendein positives Zeichen. Als wir an diesem spirituellen, von einer wunderbaren Energie erfüllten Ort umherwanderten, drehte ich mich instinktiv um und ergriff Tonys Arm, um ihn auf die langsam an uns vorübergaloppierende Herde Rotwild aufmerksam zu machen. Die Tiere zogen so lautlos an uns vorüber, dass selbst KC sie weder hörte noch sah und unbekümmert weiter im Gras herumschnüffelte. Seltsam war auch, dass sie keinerlei Spuren im Heidekraut oder Ginster hinterließen und spurlos verschwunden waren, als wir die paar Meter zur Hügelkuppe liefen, um ihnen nachzuschauen. Ich betrachtete es als positives Zeichen bezüglich der Testergebnisse, was sich auch bewahrheitete.

Am nächsten Tag führte mein Heimweg über eine sehr kurvenreiche, hügelaufwärts verlaufende Straße. Ich musste den Fuß ständig auf dem Gaspedal halten, damit der Wagen es schaffte, und fuhr so rasch, wie es die Sicherheit erlaubte. Plötzlich hörte ich: *Ich bin hier, fahre langsamer!* Augenblicklich senkte ich die Geschwindigkeit und kroch um die letzte, völlig unübersichtliche Kurve, als ich mitten auf der Straße eine Ricke stehen sah.

Wäre ich schneller gefahren, hätte ich sie unweigerlich angefahren, wovon ich mich sicherlich niemals erholt hätte. Ich bremste und hielt an. Offensichtlich furchtlos, bewegte sie sich zunächst nicht, und unsere Augen trafen sich kurz durch die Windschutzscheibe meines Wagens. Es blieb mir Zeit, ihr wunderschönes haselnussbraunes Fell und ihre schwarzen Augen zu bewundern. Dann überquerte sie anmutig die Straße, schlüpfte auf der anderen Seite ins Gestrüpp und verschwand in Sekundenschnelle.

Ace

Im Laufe meines geistigen Weges widerfuhren mir zahllose Ereignisse, die mich davon überzeugt haben, dass Tiere nicht nur Seelen besitzen, sondern einige von ihnen in gewisser Weise spiritueller sind als der Mensch.

Von allen Begegnungen mit Tieren hat meine Hündin Ace den stärksten Eindruck in mir hinterlassen, da sie mir so nahe war, wie eine Tier- einer Menschenseele nur sein kann. Sie war mein Schatten, und ich liebte sie fast mehr als mein Leben. Die Trauer um ihren Tod zerstörte mich nahezu, und das Bedürfnis zu wissen, dass sie noch irgendwo existierte und sicher war, zehrte an mir. Ich denke, manchmal kann die Tiefe unseres Schmerzes den Geist eines Menschen oder eines Tieres dabei „blockieren", zu uns vorzudringen, was nicht eher möglich wird, als bis die Trauer allmählich nachlässt.

Trotz aller Erfahrungen und den winzigen Botschaften, die ich von Ace erhielt, bedurfte es einer seherisch veranlagten Person, mir die für mich wichtigste Botschaft zu übermitteln.

Am 13. September, sechs Monate nachdem Ace von uns gegangen war, ließ diese mich durch jene Person wissen: „Ich bin wieder jung." Zunächst konnte ich nichts damit anfangen, bis ich erkannte, dass sie mir sagen wollte, sie habe sich erneut inkarniert. Doch ich wagte es erst wirklich zu glauben, als ich ihr wiederbegegnete und ein körperliches Merkmal entdeckte, dass es sich um denselben Hund handelte. Mit zwölf Jahren musste Ace eine Operation über sich ergehen lassen, die den Verlust einer Brustwarze mit sich brachte. Dem Welpen, den wir KC tauften, fehlte die gleiche Brustwarze. Er wurde am 13. September, also an dem Tag, an dem die Hellseherin mir die besagte Nachricht übermittelte, geboren. Ein weiteres Zeichen erhielt ich durch die Künstlerin June-Ellen Laine, die ein genaues Bild des Welpen zeichnete, den sie innerlich gesehen hatte, eine Kreuzung zwischen einem deutschen Schäferhund und einem Labrador, der gleichen Züchtung wie Ace.

Neben diesen rein körperlichen Merkmalen scheint KC vieles zu wissen, was sie als Ace in ihrem früheren Leben wusste. Eine der größten Gefahrenquellen für jedes kleine Tier, das einen auf Schritt und Tritt verfolgt, besteht darin, über es zu stolpern, wenn man ein Gefäß mit heißem Inhalt in der Hand hält. Ace war als Welpe (von seinem früheren Besitzer) arg verbrüht worden, und KC sucht augenblicklich das Weite, sobald man ein heißes Gefäß, vor allem einen Wasserkessel, vor dem sie sich besonders fürchtet, in die Hand nimmt.

KC gab mir ein weiteres, recht erheiterndes Zeichen, dass sie die wiedergekehrte Ace ist. In unserem Garten stand ein wunderschöner Rosenstock, den ich auf das Grab von Ace gepflanzt hatte. Nachdem er mehrere Monate hindurch üppig blühte, ging er plötzlich ohne ersichtlichen Grund ein. Es ärgerte mich ein wenig, und ich ließ ihn stehen, in der Hoffnung, er erhole sich wieder. Nach einer Weile erkannte ich die Ursache. KC urinierte dort! Dies passte so gar nicht zu ihr, denn sie verhält sich normalerweise sehr wohlerzogen im Garten und wühlt niemals Pflanzen aus dem Boden. Was ihr „Geschäft" anbelangt, achtet sie stets auf einen abgeschiedenen und erlaubten Ort. Zunächst verdross es mich, doch dann erkannte ich, was KC damit zum Ausdruck bringen wollte. Es bedurfte keiner Gedenkstätte für ihr früheres Selbst. Sie war zurück!

Mit meinem walisischen Wallach Sky verband mich eine zwanzigjährige unglaubliche Freundschaft. Obwohl zweifellos ein sehr schönes Tier, konnte man ihn nicht unbedingt als ideales oder geborenes Rennpferd betrachten. Aufgrund der Geschwindigkeit, des Durchhaltevermögens und der Springfähigkeit, die ein Jagd-Rennen erfordert, müssen solche Pferde zumindest zu Dreivierteln reinrassigen Geblüts sein. Sky war stämmig, mit gedrungenem Körper, hoher Knieaktivität (was seine Schnelligkeit drosselte) und nicht allzu großem Stehvermögen. Aber er besaß ein weites Herz – und das Wichtigste, wir verstanden uns hervorragend. Trotz aller Ungleichheit rannte Sky den aristokratischen Vollblütern beim Geländerennen mehr als einmal davon. Seine Leistungen erstaunten jeden, besonders die Mitbewerber, was größtenteils auf die Tatsache zurückzuführen war, dass die meisten von ihnen fortwährend missverstanden, was ihre Pferde ihnen sagen wollten, während Sky und ich uns laufend unterhielten. Er lehrte mich, was Mensch und Tier gemeinsam zu erreichen vermögen, wenn sie ein richtiges Team bilden.

1

Besitzen unsere Haustiere eine Seele?

WER KANN ANNEHMEN, DASS ES HINTER
DIESEN STRAHLENDEN AUGEN KEINE SEELE GIBT?
THEOPHILE GAUTIER

Der Begriff „Tier“ stammt von dem lateinischen Wort *animale* ab, eine Form des Wortes *animalis*, das sich seinerseits von *anima* ableiten lässt, was „Lebensatem“ oder „Seele“ bedeutet. Die in diesem Buch zusammengetragenen Berichte sowie meine eigenen Erfahrungen liefern den Beweis, dass Tiere eine Seele besitzen. Es wäre lächerlich anzunehmen, der Mensch höre auf zu existieren, sobald er seine irdische Hülle abgestreift hat. Das Gleiche gilt für Tiere.

Skeptiker, selbst jene, die an eine Seele im Menschen glauben, gestehen sie dem Tier nicht zu. Sie argumentieren, das Tier sei nicht selbst-bewusst und führen als Beispiel an, es wisse mit seinem Spiegelbild nichts anzufangen. Dabei lassen sie die Frage außer Acht, warum sich der Mensch im Spiegel erkennt und welchem Zweck dies dient. Es gibt zwei Gründe. Er bewundert sich selbst oder er versucht, sein Aussehen zu verändern. Eine solche Eitelkeit ist dem Tier völlig fremd. Selbst ein Pfau, das strahlende Symbol tierischer Schönheit, zeigt sich nicht im Mindesten daran interessiert, einen Weg zu finden, sich selbst zu bewundern. Sein einziges Interesse gilt seiner Zurschaustellung, um einen Partner anzulocken und Rivalen abzuschrecken. Tiere bedenken niemals ihr Äußeres. Sie sind nicht neugierig darauf, weshalb kein Sinn darin liegt, sich im Spiegel zu betrachten.

Die nachstehende Geschichte macht eine derartige Argumentation ohnehin zunichte. Bei einer meiner Fernsehsendungen, im Jahre 2002, durfte ich als Gast die inzwischen verstorbene Stella Marsden, Mitglied der *Schimpansen-Rehabilitations-Stiftung*, begrüßen. Sie berichtete mir von einem ihrer Schimpansen. Dieser von Menschen aufgezogene Affe lebte in einer Familie, in der es drei Frauen gab. Eines Tages entdeckte man ihn, einen Spiegel hochhaltend und Lippenstift in seinem Gesicht auftragend. Natürlich wollte er die Hausherrin nachahmen, hätte diesen aber niemals so genau und nur auf die Lippen auftragen können, wenn er nicht begriffen hätte, dass er sich selbst im Spiegel betrachtete.

Skeptiker werden einwerfen, dass es Tieren an logischer Schlussfolgerung mangelt. Ich habe Hunde besessen, die durchaus in der Lage waren, auf Fragen wie „Wir gehen aus. Möchtest du zur Toilette, ehe wir gehen?“ genau zu reagieren. Entweder sie gingen zur Tür, um in den Garten gelassen zu werden, oder geradewegs in ihr Bett. Eine solche Verhaltensweise zeigt nicht nur Selbst-Bewusstheit, sondern auch die Fähigkeit, logisch zu denken und die Folgen ihres Handelns zu akzeptieren, was manchen Menschen schwerfällt.

Ein anderes Argument für die Seelenlosigkeit der Tiere besteht darin, dass man nichts vom Geist kleiner oder „primitiver“ Lebensformen hört. Die Antwort liegt in der Theorie der „Seelenkonfiguration“ begründet.

Diese besagt, dass die Seele als Geistfunke in der Erde ihren Anfang nimmt und mit Myriaden anderer Funken eine Gesamtseele bildet. Diese ursprünglichen „Seelenfragmente“ sind ohne Prägung. Ihre Erfahrungen in der jeweiligen Form bringen sie schließlich in das Ganze mit ein, um eine allmähliche Wandlung hervorzurufen. Dieses Ganze spaltet sich in eine andere Lebensform, zum Beispiel als Millionen von Grashalmen, die ihre Erfahrungen in das Ganze zurückbringen, bis dieses schließlich genügend „Farbe“ angenommen hat, sich in der Welt sich bewegender Kreaturen weiterzuentwickeln. Es mag sich in Kröten, Käfer oder Ameisen aufspalten und die erneuten Erfahrungen in das Ganze einbringen, sobald die physische Hülle abgestreift wurde. Dieser aufsteigende Prozess setzt sich bis zur Stufe der Säugetiere fort, auf der sich die Gesamtseele in verschiedene Spezies spaltet. Selbst unsere Haustiere besitzen nicht immer eine individuelle Seele, und wenn, dann fällt es auf, da sie nahezu „menschlich“ erscheinen. Diese werden in der nächsten Inkarnation den Menschenpfad betreten.

Diese „Progression“ der Tierseele bedeutet nicht, dass der Mensch spirituell höher als das Tier steht. Es handelt sich lediglich um einen anderen Weg. Es gibt bestimmte Erfahrungen, die nur als Mensch gemacht werden können und die der Seelenvervollkommnung dienen. Nur eine Seele mit den geistigen Antennen eines Tieres vermag das emotionale Minenfeld menschlichen Daseins unbeschadet zu betreten.

Die Theorie der „Seelenkonfiguration“ beantwortet die Frage, warum es keine „körperlosen Ameisen“ gibt. Eine Ameise trägt nur ein winziges Seelenfragment in sich, weshalb sie nach ihrem Tod nicht irgendwo herumschwebt, sondern sofort von der Gesamtseele aufgenommen wird, damit diese voranschreiten kann. Das Gleiche gilt für frühe Lebensformen, wie etwa die Dinosaurier.

Ein weiterer Beweis für die Existenz der Tierseele zeigt sich, wenn das Tier sich der Not anderer Lebensformen bewusst und fähig ist, ihnen zu helfen, während es seine eigene Sicherheit gefährdet. Mit anderen Worten: Zum Wohle eines anderen Lebewesens handelt es wider seinen natürlichen Instinkt. Delphine sind ein leuchtendes Beispiel. Gewöhnlich geben sie sich nicht mit Menschen ab und schulden ihnen gewiss keinen Dank. Dennoch gibt es zahlreiche Fälle, in denen sie Menschen vor dem Ertrinken bewahrten. Sie haben Schwimmer sogar gegen ihren natürlichen

Feind, den Haifisch, verteidigt und sich selbst dadurch in Gefahr gebracht.

Meine Lebensaufgabe

Seit jenem Tag, an dem ich erkannte, dass Tiere Kontakt zu mir aufnehmen, habe ich vielen Menschen und ihren Haustieren, insbesondere Hunden und Pferden, geholfen. In der Regel bin ich in der Lage, den Besitzer auf die Ursache des scheinbar „schlechten Benehmens" aufmerksam zu machen und beide wieder zusammenzuführen. Außerdem bemühe ich mich, allen Tieren, einschließlich der Wildtiere, die verletzt, gefangen, misshandelt und missbraucht wurden, in irgendeiner Weise beizustehen.

Tiere haben mir immer wieder ihre Empfindungsfähigkeit bewiesen und somit die Existenz ihrer Seele. Im Laufe der letzten Jahre bin ich zahlreichen unglaublich anrührenden Geschichten begegnet. Überall auf der Welt habe ich vor Leuten gesprochen, die davon überzeugt sind, dass ihr Haustier eine Seele besitzt und ihren Berichten gelauscht. Diese Erzählungen mögen jemanden, der ein geliebtes Tier verloren hat, aufmuntern, trösten und die Hoffnung schenken, dass es nicht nur nach dem Tod weiterexistiert, sondern vielleicht auf geistiger Ebene oder in einem anderen Körper zu dem Trauernden zurückkehrt.

2
Tiergeist

Dieses Kapitel enthält Berichte über Menschen, die mit ihren verstorbenen Haustieren kommunizieren. In den meisten Fällen handelt es sich um den Geist von Hunden, Katzen und Pferden, was die Theorie bestätigt, dass diese Tiere am weitesten entwickelt sind. Die Geschichten, die vom Verlust eines geliebten Tieres erzählen, haben mich oft zu Tränen gerührt, andererseits aber auch erbaut, denn sie sind der Beweis für eine Existenz nach dem Tode.

Hunde

DU DENKST, HUNDE WERDEN NICHT IN DEN HIMMEL KOMMEN? ICH SAGE DIR, SIE WERDEN LANGE VOR UNS DORT SEIN.
ROBERT LOUIS STEVENSON

Die Erzählung von Grace Knightly habe ich bewusst an den Anfang gesetzt, da sie deutlich den Mut und die Hingabe zeigt, die über den Tod hinausgehen und besonders Hunde auszeichnet.

Wie es häufig der Fall ist, so betrachtete auch ich meinen Hund Jericho als mein Baby. Er bedeutete die Welt für mich, und ich lebte in der ständigen Furcht, dass ihm etwas zustoßen könne und ich hilflos zuschauen müsse. Als er älter wurde, quälte mich die Sorge, wie ich mit seinem Dahinscheiden fertig werden sollte, obwohl ich an ein Leben nach dem Tod, auch für Tiere, glaube. Da er zu den Hunden gehörte, die sich immer in der Nähe ihres Besitzers aufhalten, fragte ich mich ängstlich, ob ich nicht fortwährend über seinen Zustand und seinen Verbleib nachdenken würde oder ob er umherirrte und mich suchte. Nach dem Tod meiner Mutter hatte ich mich monatelang ausgesprochen elend gefühlt, weil ich nicht wusste, wie es um sie stand und niemals ein Zeichen von ihr erhielt.

Jericho war ein Blue Merle Border Collie mit äußerst ungewöhnlicher Zeichnung. Jeder erwähnte lobend die hübsche Farbmischung seines Fells. Er zählte elf Jahre, als sich meine Befürchtungen bewahrheiteten. Damals arbeitete ich als Bezirkskrankenschwester, und er begleitete mich bei meinen Patientenbesuchen. Mitunter bat man mich, ihn mit ins Haus zu bringen, um ihn streicheln zu können, was er sehr liebte. Zu jener Zeit wohnten wir im Hochmoor von Yorkshire, und Jericho hatte genügend Auslauf. Er begleitete mich gerne auf meinen Fahrten. Als ich ihn eines Morgens rief und er nicht sofort angerannt kam, krampfte sich mein Herz zusammen. Schließlich tauchte er schmerzgeplagt auf. Auf die Einzelheiten seiner Krankheit möchte ich nicht näher eingehen, denn es war schrecklich, mit ansehen zu müssen, wie sich sein Gesundheitszustand zunehmend verschlechterte.

An einem kalten grauen Märztag begleitete mich Jericho ein letztes Mal auf meiner Fahrt. Untröstlich weinend, fuhr ich später alleine zur Farm zurück, auf der ich mit meinem Vater lebte. Der leere Sitz neben mir glich einem kalten dunklen Raum. Jerichos Körper lag, in einen Plastiksack gehüllt, im Kofferraum. Als ich nach Hause kam, beerdigten wir ihn ihm Hof.

In jener Nacht konnte ich nicht schlafen. Ich dachte: *Das wird also mein Leben sein in den nächsten Jahren.* Mit einem Mal glaubte ich, draußen im Hof ein Bellen zu hören. Es klang, als käme es von Jericho, aber es gab noch drei weitere Hunde auf der Farm.

Da hörte ich das Bellen wieder. Es klang tatsächlich wie sein Rufen. Ich stand auf, um herauszufinden, welcher Hund gebellt hatte. Vielleicht war irgendetwas nicht in Ordnung.

Als ich zur Küchentür hinauslugte, leuchtete das Warnlicht auf, was mich seltsam anmutete. Wenn sich vorher irgendetwas im Hof bewegt hätte, ein Hund oder ein Eindringling, wäre die Lampe bereits angesprungen. Einen Moment lang war ich geblendet und konnte nichts erkennen. Den Morgenmantel eng um mich ziehend, ging ich hinaus und glaubte, ein Licht auf meinem Auto zu sehen. Zunächst dachte ich, ich hätte die Wagentür nicht vollständig geschlossen, aber dieses seltsame Leuchten hatte ich noch niemals zuvor gesehen. Ich ging näher und blickte in den Wagen. Plötzlich gab es links neben mir einen lauten Knall. Erschrocken sprang ich zur Seite. Langsam wurde es mir unheimlich. Zuerst wollte ich zurück ins Haus fliehen, ohne nach der Ursache zu forschen. Als ich aber meinen ganzen Mut zusammennahm und genauer hinschaute, erlebte ich eine Überraschung. Vor mir lag eine Art Portal, eine Öffnung, umgeben von weißem Licht, das sich in den Tunnel zurückzog und allmählich verschwand. Das Ganze erinnerte mich an die Beschreibung von Nah-Tod-Erfahrungen.

Was dann geschah, werde ich niemals vergessen. In einiger Entfernung tauchte in dem Tunnel eine Gestalt auf. Als sie näher kam, konnte ich erkennen, dass es sich um eine Frau handelte. Dann schaute ich wieder zum Wagen, da ich die Tür aufgehen hörte. Auf dem Beifahrersitz saß Jericho, eingehüllt in ein überirdisches weißes Licht.

Eine Stimme lenkte meine Aufmerksamkeit zurück zu jenem Tunnel. „Gracie…!“ Es war die Stimme meiner Mutter! Da stand sie, durchsichtig und flackernd, am Eingang des Tunnels.

„Oh, Gott“, murmelte ich. Sie erhob die Hand, als wolle sie mich von sich fernhalten. „Komme nicht näher“, warnte sie. „Deine Zeit ist noch nicht gekommen, aber Jerichos.“ Sie zeigte auf den Wagen. „Ich möchte nicht, dass er in der Erdsphäre hängen bleibt und ziellos hinter dir herläuft. Sage ihm, er soll zu mir kommen.“

Zitternd und völlig entnervt blickte ich zurück. Jericho saß da, starrte durch die Windschutzscheibe und ignorierte beharrlich, was um ihn her vor sich ging. Ich war sprachlos.

„Gracie", wiederholte meine Mutter. „Schicke ihn zu mir, ehe es zu spät ist."

Völlig überwältigt von meinen Gefühlen folgte ich ihrer Anweisung. „Jericho!" Schuldbewusst blickte er mich an. Meine Augen füllten sich mit Tränen. „Nur zu, Baby", sagte ich nun sanfter. „Komm, Junge!"

Er glitt aus dem Wagen und stand zitternd auf dem Boden, gefolgt von dem weißen Licht. Ich hätte ihn und meine Mutter so gerne umarmt, anstatt in diesem wundersamen Augenblick nur dumm da zu stehen. Meine Mutter hatte wohl meine Gedanken gelesen. Im gleichen Tonfall, in dem ich gewöhnlich mit Jericho redete, meinte sie: „Nun, Gracie! Es gibt keine Zeit zu verlieren."

Da ich mein Baby nicht in der Erdatmosphäre gefangen wissen wollte, befahl ich ihm: „Geh zu meiner Mutter. Du wirst gut bei ihr aufgehoben sein." Ich schluckte tapfer die Tränen hinunter, als er langsam an mir vorbei auf den Tunnel zuging. Mutter streckte die Hand nach ihm aus und streichelte seinen Kopf. Mein Hund blickte ein letztes Mal zu mir zurück, und Mutter winkte mir lächelnd zu. Sie wandten sich um, und gemeinsam gingen sie in das Licht, in den Tunnel, der mit einem leise schnappenden Laut verschwand, vergleichbar mit einem gedehnten Gummiband, das man loslässt. Zurück blieb die kalte leere Nachtluft, in der ich wie schlafwandelnd da stand.

Diese Tiergeschichte beweist erstens, dass die Seelen geliebter Menschen im Jenseits auf uns warten und zweites, dass es einen Tierhimmel gibt. Es ist beruhigend zu wissen, dass sich unsere bereits im Jenseits weilenden Lieben auf der anderen Seite um unsere geliebten Tiere kümmern.

Pauline Lee schickte mir die folgende Geschichte über ihren offensichtlich sehr mitteilsamen und empfindsamen Hund Pongo.

1978 adoptierte ich einen Welpen aus dem Tierheim. Vier kleine schwarze Hündinnen, die man gerade ihrer Mutter weggenommen hatte, lagen schlafend in einer Kiste. Ich streckte meine Hand hinein und wählte jene, die meine Finger im Schlaf leckte. Ich nannte sie Pongo. Sie war sechs Wochen alt und eine Kreuzung zwischen Labrador und Greyhound.

Dieses ausgesprochen intelligente Geschöpf pflegte an meinem Rocksaum zu zerren, wenn mein Baby schrie, um mich darauf aufmerksam zu machen.

Als Pongo sieben Jahre alt war, zogen wir nach Tamworth. Ich kannte niemanden dort. Am ersten Tag begleitete ich mein Kind in seine neue Schule. Plötzlich zog mich Pongo mit aller Macht zu einer Frau, die am Schultor stand. Sie machte ein mir unverständliches Getue um diese Frau, die mir erzählte, dass am Tag zuvor ihr alter Hund gestorben war. Pongo schien es gewusst zu haben und wollte sie trösten.

Ich war todunglücklich, als Pongo starb. Sechzehn Jahre lang hatte sie mich als meine beste Freundin begleitet. Mein Mann und mein ältester Sohn brachten sie, ohne mein Wissen, zum Tierarzt. Ich saß allein auf dem Sofa, als Pongo quer durchs Zimmer auf mich zu rannte. Sie sah jung und glücklich aus, verschwand aber, ehe sie mich erreichte. Ich schaute auf die Uhr. Es war halb sechs am Abend. Als mein Mann mit meinem Sohn heimkam, nur die Leine und das Halsband in der Hand, wusste ich Bescheid. Er erzählte, Pongo sei genau um halb sechs eingeschläfert worden. Sie war wohl gekommen, um mir Lebewohl zu sagen.

Ich weinte drei Wochen lang. Dann beschlossen wir, wieder einen ungewollten Hund zu adoptieren – und wählten Misty. An jenem 16. Februar bat ich Pongo, ein paar Schneeflocken als Zeichen ihrer Zustimmung zu schicken, was tatsächlich eintraf, obwohl kein Schneefall vorausgesagt worden war. Pongo pflegte auf ihrem Lieblingsplatz unter der Treppe zu schlafen. Die Schlafstätte für Misty wollten wir ebenfalls dort einrichten. Diese widersetzte sich, stand nur da und starrte winselnd und mit aufgestellten Ohren auf die Stelle. Ich wusste, Pongo gab selbst als Geist ihr Bett nur ungern her. Daher bat ich sie, Misty dort schlafen zu lassen, da sie doch noch so klein sei und der Erholung bedurfte. Daraufhin ging Misty geradewegs zu ihrem Lager und legte sich nieder.

Viele Leute haben Pongo seit ihrem Dahinscheiden ums Haus laufen gesehen. Eines Abends, ich lag bereits im Bett, hörte ich sie die Treppe hinaufrennen und spürte, wie sie auf mich sprang und mein Gesicht leckte, konnte mich aber nicht bewegen, da sie meine Arme durch die Bettdecke niederdrückte. Auf meine Bitte, das Bett zu verlassen, verschwand sie. Das Schlafzimmer war für die Hunde stets tabu gewesen, aber in ihrer Körperlosigkeit kannte sie keine Grenzen.

An einem kalten Wintertag lieferte mir der Metzger Fleisch. Während wir uns unterhielten, stand er mit dem Rücken zur Gasheizung. Plötzlich hoben sich die Schöße seines weißen Kittels. Er fuhr herum und meinte mit zitternder Stimme: „Nun, das war wohl Misty.“ Diese aber schlief neben der Terrassentür. Es war Pongo. Ich weiß nicht warum, aber sie hatte eine Vorliebe für Männerhosen und musste sie immer beschnuppern, wenn sich die Gelegenheit bot. Der Metzger zeigte sich recht erschrocken, als er meinte, er habe eine Hundeschnauze gespürt, die sein Jackett hob.

Pongo und Misty, die inzwischen ebenfalls auf geistiger Ebene weilt, besuchen uns häufig. Beide springen sie aufs Bett. Misty legt sich zu meinen Füßen nieder, wie sie es als junge Hündin zu tun pflegte, während Pongo möglichst nahe an mein Gesicht vorzudringen versucht. Daran erkenne ich, wer da ist. Wenn ich einen von ihnen die Treppe heraufstürzen höre, rücke ich ein wenig zur Seite, um Raum zu schaffen.

Noch zu Lebzeiten Pongos besuchte uns jeden Freitag ein Freund mit seinem Beagle namens Pippa. Die beiden Hunde vertrugen sich gut und liebten ihr gemeinsames Spiel. Eines Tages erzählte mir unser Freund, man habe bei Pippa Leukämie diagnostiziert, weshalb sie nicht mehr allzu weit laufen konnte. Dennoch blieb es bei dem freitäglichen Besuch, und Pongo brachte ihrer Freundin gewöhnlich einen ihrer Hundekuchen, den Pippa nicht mehr in der Lage war zu fressen, aber die Absicht war wohlmeinend.

Als wir aus dem Urlaub zurückkehrten, erfuhren wir von ihrem Tod. An besagtem Freitag verschwand sie am frühen Morgen. Ihr Besitzer hatte sie überall gesucht und sie schließlich vor unserer Haustür sitzend gefunden. Er nahm sie mit nach Hause, wo sie am Abend starb. Wir sind beide davon überzeugt, dass Pippa uns Lebewohl sagen wollte.

Diese Geschichte zeigt nicht nur die enge Beziehung zu dem Besitzer, sondern auch zu einem anderen Hund. Ein Hund spürt, wann sein Ende gekommen ist. So viel zu der Annahme, ein Hund sei nicht selbst-bewusst.

Die folgende Erzählung von June-Elleni Laine ist ein Beispiel für die Pflichttreue eines Hundes, die über seinen Tod hinausgeht.

Rocky, ein prächtiger weißer Boxer, begleitete mich fünf Jahre lang als treuer Gefährte. Als er acht war, diagnostizierte man einen inoperablen Tumor an seinem Herzen. Ich wusste, dass es sich nur noch um eine Frage der Zeit handelte, ihn gehen zu lassen, und sprach mit ihm über die wundervollen gemeinsamen Jahre, die nun zu Ende gingen. Ich gelobte, ihm Leiden zu ersparen und ihn nötigenfalls in die Geistige Welt freizugeben, in der wir uns wiedersehen würden, wenn mein Erdendasein abgeschlossen war. Es schien eine gemeinsame Entscheidung zu sein, die wir bereits getroffen hatten, ehe ich ihn als Bergungshund adoptierte. Er begleitete mich in sehr schwierigen Lebenssituationen, und nun, da ich die Stärkere war, hatte er seine Aufgabe nahezu erfüllt. Beide wussten und akzeptierten wir das Unvermeidbare.

Eines Morgens schaute ich ihn an und „sah“ seinen Schädel

hervorschimmern. Der gefürchtete Zeitpunkt war gekommen. Ich quälte mich mit Fragen. Hatte ich zu lange gewartet? Litt er zu sehr? War ich selbstsüchtig? Tief im Inneren wusste ich jedoch, dass ich mein Versprechen gehalten hatte und es nun an der Zeit war.

Ich fütterte ihm ein Steak und ließ ihn sogar ein wenig Wein schlürfen. Es sollte seine letzte Mahlzeit in dieser Dimension sein. Im Park, der an die Tierklinik grenzt, gingen wir noch einmal gemeinsam spazieren. Ich umarmte ihn und ließ ihn wissen, dass er beim Tierarzt, den wir anschließend aufsuchten, einschlafen werde. Wie bei den vorangegangenen Klinikbesuchen willigte er auch dieses Mal still ein. Als der Arzt ihm die tödliche Injektion verabreichte, schrie ich innerlich laut auf vor Schmerz. Rockys schlaffen Körper in den Armen haltend, weinte ich, bis die Tränen versiegten. Eine halbe Stunde später verließ ich die Klinik, entschlossen zu lächeln, dankbar für unsere gemeinsame Zeit und die Tatsache, dass er nun nicht mehr leiden musste. Aber das war einfacher gesagt als getan. Während der folgenden Monate fühlte ich, dass er mir überall hin folgte, schrieb es aber meiner Einbildung zu. Selbst wenn ich in einem Restaurant saß, konnte ich mich des Gedankens nicht erwehren, ihn draußen vor der Tür warten zu sehen, was ich ebenfalls als Einbildung betrachtete.

Eines Nachts wachte ich plötzlich auf und dachte: *Oh, mein Gott! Ich kann nicht atmen*! Ich torkelte aus dem Bett und stürzte voller Panik ans Fenster. Mir wurde schwindelig, als ich mich bemühte, es zu öffnen. Obwohl ich den Kopf in die kalte Nachtluft steckte, konnte ich nicht tief durchatmen. Es war einfach schrecklich, ein Albtraum, obgleich ich hellwach war. Allmählich ließ das Herzklopfen nach, ich konnte wieder atmen und wurde ruhiger.

Was um alles in der Welt war geschehen?

Mit einem Male spürte ich Rockys Anwesenheit. Er wusste nicht, was mit ihm passiert war und wollte mich nicht verlassen, denn ich hatte mich nicht richtig von ihm verabschiedet. Als er in jener Nacht auf mein Bett sprang und sich in seinem Geistkörper neben mich legte, fing ich seine Herzprobleme auf. Diese Atemlosigkeit machte mir bewusst, dass sich Rocky noch in meiner Nähe aufhielt, auf eine Erklärung und ein liebevolles Lebewohl wartete. Wie elend er sich gegen Ende seines irdischen Daseins gefühlt haben musste, erfuhr ich am eigenen Leib. Ich hatte die richtige Entscheidung getroffen, ihn gehen zu lassen. Nachdem ich in jener Nacht meine Atemnot überwunden und das Fenster wieder geschlossen hatte, erzählte ich ihm von dem Tierarzt-Besuch, bei dem sein physisches Leben auf meine Bitte hin ein Ende fand, weil ihm sein Körper solche Qualen bereitete. Ich versicherte ihn meiner anhaltenden Liebe und erklärte ihm, dass er nun in eine angenehmere Dimension eintreten könne, in der es die Begrenzungen der irdischen Ebene nicht gebe und wo wir uns zur gegebenen Zeit wiederbegegnen würden. Vielleicht war bereits ein Teil von mir dort und erwartete ihn.

Rocky schien meine Worte zu verstehen. Ein goldenes Licht begann den Raum zu erfüllen, um auf seinem Höhepunkt allmählich wieder zu verschwinden. Ich fühlte mich plötzlich erleichtert, denn nun war dieses Kapitel abgeschlossen und Rocky frei. Dieses Erlebnis überzeugte mich davon, dass unsere Haustiere einen Geistkörper besitzen und ihr Bewusstsein über den Tod des physischen Körpers hinausreicht. Rocky und ich sind mit Sicherheit seelenverwandt, und zwischen uns wird stets eine liebevolle Beziehung bestehen.

Der arme Rocky war so fest entschlossen, bei seinem Frauchen zu bleiben, dass er nicht einmal seinen Tod bemerkte. Er litt nach wie vor unter seiner Krankheit, da man ihn seiner Pflicht noch nicht entbunden hatte. Zum Glück begriff seine Besitzerin, was vor sich ging, und entließ seinen Körper und seinen Geist.

Alice Jean, die ihr Leben mit Hunden, Ziegen und anderen Tieren verbrachte, berichtet folgende Begebenheit.

Bei unserem letzten Irland-Besuch lud mein Bruder meinen Mann und mich in einem Pub zum Essen ein. Von unserem Platz aus konnte man in den angrenzenden Raum blicken, in dem ein Billardtisch stand, unter dem zwei große Labrador-Hunde schliefen. Nach etwa zwei Minuten hoben sie den Kopf und trotteten auf uns zu. Ich saß zwischen meinem Mann und meinem Bruder. Die Hunde hätten meinem Mann beinahe den Stuhl unter ihm weggerissen, um zu mir zu gelangen. Mein Bruder lachte, stand auf und räumte das Feld, während er meinem Mann zu erklären versuchte, dass seine Schwester seit jeher Tiere anzuziehen schien, was ein Kompliment sein sollte, wie er mir rasch versicherte.

In meiner Kindheit warnte man niemanden davor, den Tieren direkt in die Augen zu sehen, wie dies heute der Fall ist. Ich schaute ihnen immer ins Gesicht und fragte mich, was sie wohl dachten und fühlten. Tiere habe ich immer geliebt, Haustiere ebenso wie Wildtiere. Wahrscheinlich fragt sich jeder, der mit irgendwelchen Tieren zusammenlebt, welche Gedanken und Gefühle sie hegen. Was wissen sie, wovon wir keine Ahnung haben? An dem Tag, an dem mein geliebter Pyrenäenhund Laban starb, schien ich eine Antwort zu erhalten. Er lebte bei meinen Milchziegen und war mein treuer Kumpel. Wir hatten keine Ahnung, dass er krank war oder sich in irgendeiner Weise schlecht fühlte. Eines Tages versuchte ich, mir mit einer langen Futtertrage über dem Kopf einen Weg durch die Herde zu bahnen. Ich fühlte, wie sich Laban einen Moment lang gegen meine Beine lehnte, was er hin und wieder zu tun pflegte. „Hoppla, geh weiter", sagte ich und drang zum Zaun vor, um die Futtertrage auf dem Boden abzustellen. Auf dem Rückweg streichelte ich seinen Kopf, ging zu einem kleinen Laden am Ende der Straße und holte Eiscreme, was nur wenige Minuten dauerte. Als ich zurückkam, bemerkte ich, dass sich die Ziegen auf der Weide um etwas scharten. Noch bevor ich mich ihnen näherte, zerstreuten sie sich langsam. Dort auf dem Boden lag Laban. Er war tot. Nach Ansicht des Tierarztes setzte sein Herz aus.

Ich glaube, die Ziegen erwiesen ihm die letzte Ehre. Sie liebten ihn ebenso, wie er sie geliebt hatte. Drei Tage lang herrschte eine ungewöhnliche Stille im Stall. Ich weinte bitterlich, aber es musste weitergehen, obwohl ich ihn immer noch vermisse.

Den dreijährigen Pyrenäenhund Nelson erhielt ich als Geschenk. Zunächst zögerte ich, ihn anzunehmen, da mir die Besitzerin erzählte, sie sei niemals richtig warm mit ihm geworden. Sie beachtete ihn kaum, da sie einen anderen ihrer Hunde mehr liebte. Abgesehen davon, bevorzugte ich ein fünf oder sechs Wochen altes Tier, um es mir als Wachhund für das Vieh zu erziehen, nicht ein dreijähriges. Es musste sich mir und den Ziegen gegenüber ebenso verpflichtet fühlen, wie es bei Laban seinerzeit der Fall gewesen war. Aufgrund ihrer wunderbaren Sanftmut waren uns die Pyrenäenhunde die liebsten. Ich hatte niemals Angst, meine kleinen Enkelkinder mit diesen Hunden auf die Weide zu schicken. Sie gleichen großen trägen Dümmlingen, geben aber ihr Leben, um jemanden, den sie liebgewonnen haben, zu verteidigen. Nelson trug niemals ein Halsband, und man musste ihm nicht sagen, was zu tun war. Kurz nach seiner Ankunft gerieten er und ich in eine „Patt-Situation". Er wollte unbedingt in einen Gartenbereich, den ich ihm verbot. Böse knurrte er mich an. Das war mir noch mit keinem Hund passiert. Es ängstigte mich zwar ein wenig, aber ich musste die Angelegenheit regeln, denn es ging einfach nicht, dass mein Hund sich als Chef fühlte. In der Scheune holte ich Halsband und Leine und legte sie ihm rasch an, während ich ihm mit dem Finger drohend klarmachte, dass ich der Chef war. Er widersetzte sich nicht. Für den Rest des Tages sprach ich nicht mehr mit ihm, was mein Mann als recht grausam empfand. Aber es wirkte. Am folgenden Tage bemühte sich Nelson sehr, schaute unschuldig drein und ließ sich zu meinen Füßen nieder, um sein schlechtes Benehmen wiedergutzumachen. Viele Jahre lang liebten wir einander sehr. Eines Tages fragte ich ihn, ob er bereit sei, mit einer ihm bekannten Familie, die ihren Hund verloren hatte, zu gehen und Welpen zu zeugen. Da er die Kinder liebte, wusste ich, er würde glücklich dort sein. Er setzte sich aufrecht hin, streckte den Kopf, damit man ihm Halsband und Leine anlegen konnte, und schritt wie ein kleiner Prinz zum Wagen der Familie. Ich war stolz auf ihn, und er wusste es. Später brachte man mir einen der Welpen. Dieser Hund lebt heute bei uns. Eines Tages stand ich in der Küche am Spülbecken und sah innerlich Nelson mit erhobenem Kopf auf dem Hügel in der Weide liegen und umherblicken. Plötzlich wurde mir bewusst, dass er nicht mehr unter uns weilte. Am nächsten Tag rief ich jene Familie an, die mir bestätigte, dass er während eines schweren Unwetters wahrscheinlich von einem Blitz getroffen wurde. Ich weiß, ich sollte ihn hier bei uns zu Hause sehen, und glaube, er hält sich ständig in unserer Nähe auf.

Bei der nächsten Geschichte, die June Bailey schrieb, handelt es sich um zwei Hunde. Der eine fühlte sich selbst nach seinem Tod noch als Wachhund verpflichtet, und im anderen Falle bestand zwischen der Besitzerin und dem Hund eine derartig enge Verbindung, dass sie seinen Tod fühlte, obwohl sie sich zu diesem Zeitpunkt meilenweit entfernt aufhielt.

Ich erinnere mich noch genau an den Tag, an dem Rover in mein Leben trat, obwohl ich damals erst sechs Jahre zählte. Mein Vater hatte den schwarz-weißen Border Collie vor einem Jungen gerettet, der ihn gerade ertränken wollte. Ich hatte genau das richtige Alter für einen Hund und fühlte mich mit Rover an meiner Seite stets sicher. Ich liebte ihn über alles, und er achtete darauf, dass mir niemand ein Leid zufügte. Er stand sogar beschützend neben mir, wenn meine Mutter mich wegen irgendeiner Sache ausschimpfte. Um seine Gesundheit war es nicht besonders gut bestellt, was wahrscheinlich an seinem schlechten Lebensbeginn lag. Im Alter von neun Jahren ging es mit ihm zusehends bergab.

Sein Körper entwickelte Beulen, und seine Hinterbeine versagten, so dass er nicht mehr laufen konnte. Ich liebte ihn so sehr, dass ich ihn trotz seines Gewichtes zur Erledigung seines Geschäftes hinter das Haus und abends nach oben ins Bett trug. Ich glaubte, es sei soweit alles in Ordnung, aber meine Eltern wussten natürlich, dass es mit ihm zu Ende ging. Man konnte ihn nicht länger in dieser Weise leiden lassen, denn wenn ein Hund nicht Hund sein darf, ist er unglücklich. Mein Vater war damals arbeitslos und das Geld knapp.

Als meine Eltern das Geld für den Tierarzt aufzubringen vermochten, warteten sie eines Tages, bis ich zur Schule gegangen war. Als ich nach Hause kam, gab es meinen kostbaren Freund nicht mehr. Wir weinten alle drei. Als ich an diesem Abend zu Bett ging, fühlte es sich ohne ihn zunächst so leer an, aber dann zog ich mein Kissen fort, wie ich es immer getan hatte, um Rover Platz zu machen, und fühlte, dass er noch bei mir war.

Am nächsten Morgen musste ich auf meinem Schulweg bei jedem Schritt an Rover denken. Plötzlich vernahm ich ein klickendes Geräusch, und es wurde mir mit einem Male bewusst, dass auf dem Straßenpflaster Hundepfoten mit mir Schritt hielten. Rover trottete neben mir her und passte wie in seinen besten Tagen auf mich auf. Zwei Jahre lang blieb er so an meiner Seite, bis wir bereit waren, einen anderen Hund bei uns aufzunehmen.

Diese Hündin, ebenfalls ein Border Collie, schien Rovers Abbild zu sein. Sie besaß dieselbe Zeichnung, nur die Stellen, die bei ihm weiß geleuchtet hatten, waren bei ihr schwarz und umgekehrt. Einer Eingebung folgend, nannte ich sie Sheba. Mein Vater verfuhr sehr streng mit unseren Hunden. Sie durften nur mit ihm auf die Straße, aber niemals ohne Leine. Jenseits des Verkehrs, auf dem offenen Feld, erlaubte er ihnen, frei herumzutollen.

Sheba und mich verband eine enge Freundschaft. Damals war ich achtzehn Jahre alt und fühlte mich manchmal so, wie sich ein

Teenager halt fühlt. Sheba schien mich als Einzige immer zu verstehen, schmiegte sich an mich und leckte mir die Tränen von den Wangen.

Das Unglück ereignete sich, als sie gerade einmal vier Jahre alt war. Aus irgendeinem Grund sprang sie an jenem Tag über den Zaun in Nachbars Garten und rannte davon. Ich wusste nichts davon, denn ich war bereits zur Arbeit gegangen. Vielleicht versuchte sie, mich zu finden. Ich werde es niemals erfahren.

Plötzlich krampfte sich mir der Magen zusammen. Ich konnte es mir nicht erklären, wusste aber, dass ich unverzüglich nach Hause gehen musste. Ich meldete mich krank und eilte heim. Als Sheba mich nicht wie üblich begrüßte, wusste ich Bescheid. Von meiner Mutter erfuhr ich, dass sie vor einem anderen Hund davongelaufen und dabei von einem Auto angefahren und getötet worden war. Der Autofahrer hatte sie an den Straßenrand getragen und den Unfall der örtlichen Polizei gemeldet, die meine Mutter benachrichtigte. Genau in demselben Augenblick, in dem der Unfall geschah, fühlte ich mich krank und ging nach Hause. Sheba schien mir Lebewohl zu sagen.

Bev Wilsons Geschichte beginnt recht unheimlich, obwohl es sich bald herausstellte, dass sie nichts zu befürchten hatte.

In mein neues Heim einzuziehen, machte mich sehr glücklich. Es war zwar nur ein altes Reihenhäuschen, aber es gehörte mir. Nachdem ich all die Jahre zur Miete gewohnt hatte, besaß ich endlich meine eigene Haustür. In der ersten Nacht schlief ich wie tot. Ich war völlig übermüdet, da ich den Umzug im Alleingang bewerkstelligt hatte. Aber die zweite Nacht verlief völlig anders. Ich wachte auf, ohne zu wissen warum. Es war dunkel. Auf der

Treppe, die damals noch nicht mit Teppich ausgelegt war, hörte ich Schritte. Es war, als stapfe jemand schwerfällig die Stufen hinunter. Mein erster Gedanke war: *Einbrecher*! Immerhin lebte ich als Frau allein im Haus. Andererseits waren die Wände nicht allzu dick. Auf beiden Seiten gab es Nachbarn, von denen mich mit Sicherheit jemand hätte schreien hören. Aber ich war übermüdeter ‚als ich annahm – und dann war es Morgen. Ich vergaß die Angelegenheit und betrachtete sie als Traum.

In der folgenden Nacht wiederholte sich der Spuk, nur noch schlimmer. Es begann mit leisen Schritten, die sich meiner Schlafzimmertür näherten. Für einen Augenblick glaubte ich, irgendetwas komme herein. Die raschen Schritte klangen verhalten, gefolgt von einem wiederholten dumpfen Aufschlagen. Es war kein Traum. Ich war hellwach. Dann wurde es noch unheimlicher. Ketten rasselten! Nun bin ich zwar mit den esoterischen Dingen vertraut, aber dass sich ein eventueller Geist in einer solch klischeehaften Weise bemerkbar machte, konnte ich nicht glauben. Außerdem befanden wir uns in einem gewöhnlichen Reihenhaus, nicht im Tower von London. Ich kroch unter die Bettdecke und sagte mir, dass der Spuk vorübergehen werde, wenn ich nicht darauf reagierte. Aber dem war nicht so! Er wiederholte sich jede Nacht. Völlig erschöpft, beschloss ich schließlich, ein Medium hinzuzuziehen.

Ich hatte alles erwartet, nur nicht den Geist eines Hundes als Urheber des nächtlichen Lärms. Die Schritte waren in Wirklichkeit „Pfotentritte“, und das dumpfe Aufschlagen rührte von einem Ball her, der die Treppe hinunter hüpfte. Und die Ketten? Es war seine Leine, die er im Maul hin und her schwang.

Der Hund ließ das Medium wissen, dass er einst in diesem Haus gelebt hatte und seine Besitzer ihn in einem großen Schrank unter der Treppe einschlossen, wenn sie fortgingen. In diesem Schrank war er auch gestorben. Der arme Hund wartete nun schon seit Jahren, dass jemand in das Haus einzog, dessen Energie er sich bedienen konnte, um sich bemerkbar zu machen. Er bat, noch eine

Weile verweilen zu dürfen, ehe er für immer ging – und hielt tatsächlich sein Versprechen. Drei Tage später suchte er mich ein letztes Mal auf. Danach hörte ich nichts mehr von ihm. Meine Nachbarn bestätigten, dass die früheren Hausbesitzer einen Golden Retriever gehalten hatten.

Bei dieser Geschichte handelt es sich um einen seltsamen Fall, da der Hund den Menschen, der ihn hörte, nicht kannte. Der arme Kerl muss jahrelang gewartet haben, bis die richtige Person in das Haus einzog und ihm die Möglichkeit bot, sich zumindest akustisch zu manifestieren. Ich bin überzeugt, dass es auf der anderen Seite genügend Bälle gab, um mit ihnen zu spielen, aber es ging ihm um diesen speziellen Ball, der ihm in seinem Erdendasein verweigert wurde.

Die Tatsache, dass ein Hund ebenso wie ein Mensch auf der Erde noch etwas zu „erledigen“ hat, beweist, dass wir unseren Haustieren und Tiergefährten geistig näher stehen, als man glaubt.

Lynn Kilpatrick war so eng mit ihrem Hund verbunden, dass sie als Einzige seinen Tod voraussah.

Als ich siebzehn Jahre alt war, erlitt unser Cocker Spaniel Sandy einen Herzanfall. Sein Gesundheitszustand beunruhigte mich sehr, zumal wir ihn in seinem Korb sich selbst überließen und schlafen gingen. Ich fand keine Ruhe, als ob ich spürte, dass er uns verlassen würde. Weinend lag ich im Bett und lauschte der Ballettmusik aus meinem kleinen Kassettenrekorder.

Als ich weinend da lag, sah ich plötzlich unsere beiden alten Hunde Rover und Royce, gefolgt von Sandy. Da wusste ich, dass sie gestorben war. Rasch rannte ich in das Zimmer meiner Mutter und gab vor, durstig zu sein. Ich bat sie, mir ein Glas Wasser aus der Küche zu holen. Ein Blick in mein Gesicht verriet ihr, dass ich um Sandys Tod wusste. Sie ging in die Küche hinunter. Kurz darauf rief sie nach oben, ich solle meine ältere Schwester wecken und sie nach unten schicken. Sandy war tatsächlich im Schlaf gestorben.

Die Erzählung von Hazel Chubb ist ein weiteres Beispiel für den Einfallsreichtum von Haustieren, wenn es darum geht, sich auf physischer Ebene bemerkbar zu machen.

Millie, unser Malteser Terrier, war eine besonders hübsche Hündin und ausgesprochen klug. Sie verstand alles und konnte sich mit „ja“ oder „nein“ verständigen. Nicken oder Niesen bedeutete „ja“ und ein Kopfschütteln „nein“. Sie ging uns sogar bei einfachen Hausarbeiten zur Hand. Wir ließen sie Wäscheklammern und andere kleine Dinge aufnehmen und im Maul zum Wäschekorb oder zur Waschmaschine tragen.

Nach getaner Arbeit gab es eine Belohnung. Mein Vater lehrte sie, ihre Plastikschale für eine Tasse Kaffee zu bringen. Die Schale im Mund, kroch er über den Boden, um ihr zu zeigen, wie sie die Schale halten sollte. Gab meine Mutter ihr einen Tropfen Tee anstatt Kaffee, kippte sie die Schale einfach um. Ich glaube, sie war recht verwöhnt. Wir erlaubten Vater nicht, ihr draußen eine Hundehütte zu bauen. Im Grunde genommen war sie ihr Leben lang ein Schoßhund. Mein Vater und meine Schwester neckten sie bisweilen und forderten sie auf, die „Zähne zu zeigen“. Sie fletschte ihre Zähne und knurrte. Einige ihrer „menschlichen Possen“ waren einfach großartig.

Vater hatte ihr den Namen Millicent gegeben, der sich rasch in Millie verkürzte. Millicent wurde sie nur gerufen, wenn sie in Schwierigkeiten steckte. Vater erfand auch ihren Kosenamen, Mim. Ich glaube, sie verstand wirklich alles, was man ihr sagte. Auffallend war ihre Loyalität. Als meine Mutter bei einem Spaziergang mit ihr stürzte, wollte sie nach Hause laufen, um Hilfe zu holen. Zum Glück konnte Mutter alleine aufstehen und den Hund daran hindern, den ganzen Weg alleine heimzulaufen.

Im September letzten Jahres starb unsere Millie, die uns häufig besucht. Sie hinterlässt winzige Büschel von weißem Fell, die ich gewöhnlich neben der Schiebetür finde, die sie zu benutzen pflegte, um in den Garten zu gelangen. Ich glaube, sie will uns damit sagen, dass sie in unserer Nähe ist. Im Januar dieses Jahres kauften wir einen Welpen, einen King Charles Spaniel, den wir Lady nennen und der manchmal Millies Bild an der Wand anbellt. Am frühen Morgen habe ich sogar ein weißes Licht durch die Küche schießen gesehen.

Mein Hund Ace ließ die Rose, die wir zu ihrem Gedenken gepflanzt hatten, einmal mit einer solchen Hitze erglühen, dass diese unter normalen Umständen daran zugrunde gegangen wäre. Wir hatten das Gefühl, neben einem Heizkörper zu stehen.

Kathleen Janssen schickte mir folgende schlichte, aber wunderschöne Geschichte über Ubu und ihre Rose und legte ein Foto dieses ungewöhnlichen kleinen Hundes bei.

An jenem kalten Wintertag waren die Straßen so weit aufgetaut, dass wir zum nächsten Geschäft fahren konnten, um Vorräte zu besorgen. Wir hatten nicht die Absicht, einen Welpen zu kaufen, aber dann sahen wir die beiden Kinder mit ihrer Kiste, in der die blauäugigen Jungen lagen. Um das Geschlecht kümmerten wir uns nicht, als wir Ubu, den unscheinbarsten Welpen, retteten. Die übrigen, mit ihrer hübschen Zeichnung, fanden mit Sicherheit ein Heim. Die Kinder erzählten uns, die Mutter sei ein Blue Heeler und der Vater ein Irish Terrier. Ich trug das Kleine, unter meinem Oberhemd fest an mich gedrückt, nach Hause. Als meine Tochter das seltsam ausschauende Tier aus meiner Bluse hervorlugen sah, fragte sie: „Was ist das?" Ubu würde sich zwar niemals für einen Schönheitswettbewerb eignen, aber ihre treue Anhänglichkeit machte sie in unseren Augen zur Kostbarkeit. Sie lebte siebzehn Jahre bei uns, und selbst gegen Ende bemühte sie sich, ein guter Wachhund zu sein, obwohl sie alt und gebrechlich war. Gerade als ich mich mit dem Gedanken befasste, sie einschläfern zu lassen, verschied sie an einem heißen Sommertag in unserem Haus. Sie schien uns die Angelegenheit erleichtern zu wollen. Wir begruben sie im Hinterhof unter der Ponderosa Pinie, die wir von unserem alten Zuhause mitgebracht hatten, als Ubu zwei Jahre alt war. Ihr Grab schmückten wir mit einem Rosenstock. Ohne unsere langjährige Gefährtin schien sich die Welt verändert zu haben. Ich dachte darüber nach, was mir eine Hellseherin über Ubus letzte Augenblicke gesagt hatte. Zurückblickend erkenne ich, wie sich damals alles von selbst regelte. Ich hatte gehofft, dass sie friedlich entschlafen würde, wollte aber gerne in diesem Moment bei ihr sein. Es traf tatsächlich so ein. An jenem Tag war ich mit meiner Tochter zu einem Einkaufsbummel verabredet. Aufgrund von Kommunikationsschwierigkeiten ging sie ohne mich. Wäre alles wie geplant verlaufen, hätte ich in jenem Moment nicht bei Ubu sein können. Sie erfüllte ihre Aufgabe bis zum letzten Atemzug. Ich freue mich darauf, dieser lieben Seele eines Tages wiederzubegegnen zu dürfen. Übrigens, die Rose, die wir auf ihr Grab pflanzten, ist zweifarbig, orange und zitronengelb. Sie ist ebenso einzigartig wie Ubu. Zum ersten Mal blühte sie an meinem Geburtstag im Juli und entfaltete eine einzige makellose Blüte – ein Geschenk von meiner wundervollen Ubu.

Der nächste Bericht, den mir Karen Jones zusandte, beweist, dass Tiere mit dem Menschen in Verbindung treten, falls dieser sich offen dafür zeigt. Diese Offenheit ist einer der wichtigsten Faktoren, um mit Tieren auf physischer oder geistiger Ebene zu kommunizieren.

Für die geistigen Dinge bin ich schon immer aufgeschlossen gewesen und habe manch Unerklärbares in meinem Leben gesehen, aber dieser Fall verwirrte mich. Eines Abends war ich zu Fuß unterwegs, um an einer Feier im Hause eines Nachbarn teilzunehmen. Plötzlich bemerkte ich einen kleinen Hund, der mich auf der anderen Straßenseite verfolgte. Der Winzling, ein schokoladenbrauner Zwergpudel, hätte nach meinem Dafürhalten nicht mehr auf der Straße sein dürfen, aber die Wohngegend war um diese Tageszeit recht ruhig. Unbekümmert trottete er seines Weges und blicke hin und wieder zu mir herüber, als wolle er sich vergewissern, dass ich noch da war. Obwohl ich stehen blieb, um mit einer Freundin vor ihrem Haus zu reden, setzte er seinen Weg fort, als ob er voraussetzte, dass ich sein Ziel kannte. Ich vergaß die Angelegenheit.

Als ich einige Minuten später um die Ecke bog, hockte derselbe Hund auf der Bordsteinkante und schien auf mich zu warten. Sobald ich näher kam, stand er auf und trottete immer in dieselbe Richtung, die ich einschlug. In einem kleinen Geschäft, das am Wege lag, kaufte ich eine Flasche Wein als Gastgeschenk und machte mich erneut auf den Weg. Der Hund war verschwunden, und obwohl ich nach ihm Ausschau hielt, konnte ich ihn nirgends entdecken. Schließlich nahm ich den Gartenweg zu dem Haus hinauf, in dem die Feier stattfinden sollte. Aus dem Augenwinkel bemerkte ich plötzlich eine Bewegung. In einiger Entfernung vor mir saß der Hund wieder auf der anderen Straßenseite und starrte mich an. Ich beschloss, dem Geheimnis auf den Grund zu gehen und mir den Hund genauer anzuschauen. Um aus dem Garten auf die Straße zu gelangen, musste ich hinter einem riesigen Schmetterlingsstrauch vorbeigehen. Als ich die Straße erreichte, war der

Hund wieder verschwunden. Das konnte ich nicht verstehen. Wo sollte er hingegangen sein?

Ich zuckte die Achseln, ging ins Haus und unterhielt mich mit der Gastgeberin, die mir erzählte, dass die Familie die Feier beinahe abgesagt hätte, da ihr nicht danach zumute war. Sie fand nur statt, weil man nicht alle Gäste ausladen wollte und sie das Fest vielleicht über das Geschehene momentan hinwegtröstete. Natürlich fragte ich, was passiert war. Sie berichtete, dass ihr kleiner Zwergpudel Fancy am Morgen aus dem Garten geschlüpft und einige Straßen weiter von einem Auto angefahren worden war. Diesen Weg war ich gekommen. Ich besuchte die Familie in ihrem Haus zum ersten Mal und wusste nichts von ihrem Hund. Noch mehr verblüffte mich die Beschreibung des Pudels, die haargenau auf meinen kleinen Begleiter zutraf.

In dem Glauben, sie könne ihn sehen, überredete ich die Gastgeberin, mit mir nach draußen zu kommen. Es war nichts zu sehen. Es blieb mir keine andere Wahl, als ihr von meiner Begegnung zu erzählen. Sie brach in Freudentränen aus und zog mich wieder ins Haus, um der Familie davon zu berichten. Ich frage mich heute noch, warum der Hund mir und nicht seinen Besitzern erschien, was sie sicherlich stärker getröstet hätte.

Ich glaube, der Geist eines Menschen oder auch eines Tieres bedarf der richtigen Energie, um sich bemerkbar machen zu können. Aus diesem Grund sehen manche Menschen niemals Geister, selbst wenn sie von ihnen umringt sind, oder benötigen ein Medium, um mit im Jenseits weilenden Seelen Verbindung aufzunehmen.

Die nächste, anrührende Geschichte von „einem Jungen und seinem Hund" stammt von Marshall McDaniel aus Kanada. Der Hund machte sich in recht ungewohnter Weise bemerkbar.

Bear, ein schwarzer Labrador, und ich wuchsen gemeinsam auf. Ich war noch ein Baby, als der Welpe zu uns kam. Meine Eltern erzählten mir, dass sich Bear wie eine Art Hunde-Nanny verhielt. Er lag neben meiner Wiege, bewachte meinen Schlaf, setzte die Eltern davon in Kenntnis, wenn ich aufwachte, und beaufsichtigte meine Bäder. Sobald ich mich aus eigener Kraft fortbewegen konnte und auf Händen und Knien durchs Haus robbte, trottete er dicht hinter mir her und achtete darauf, dass ich mich nicht verletzte, indem er mich an meiner Kleidung fasste und von allem, was gefährlich werden konnte, wegsteuerte. Während wir gemeinsam aufwuchsen, kamen wir uns immer näher, und Bear wurde mein bester Freund. Wegen meines christlichen Elternhauses hackte man in der Schule auf mir herum. Es herrschte ein raues Klima, und ich kam oft blutig und mit blauen Flecken nach Hause. Bear wartete schon auf mich, leckte meine Wunden, schmiegte sich an mich und versuchte, mir den Schmerz zu nehmen. Übrigens interessierte ihn mein Bruder, der nach mir geboren wurde, in keiner Weise. Er war einzig und allein „mein Hund".

Mit meinem großen Kumpel gestaltete sich das Leben viel leichter. Er gab mir das Gefühl, etwas Besonderes zu sein und gebraucht zu werden, wenn mir gewöhnlich nicht danach zumute war. Als Kind kann man sich nicht vorstellen, dass Menschen und Tiere einen verlassen, dass sie krank werden und sterben, was wahrscheinlich gut so ist. Ich ahnte nichts, als sich Bear während der Feier zu meinem zehnten Geburtstag plötzlich seltsam zu verhalten begann. Er schnaufte und keuchte. Schaum sammelte sich vor seinem Mund und tropfte zu Boden. Damals wusste ich nicht, was mit meinem Freund geschah, aber mein Vater erkannte sofort, dass es sich um schwere Schüttelkrämpfe handelte. Er bat meine Mutter, die Kinder nach Hause zu fahren und ihn beim Tierarzt zu treffen. Er hob Bear in den Truck, und ich begleitete die beiden. Ich zittere heute noch, wenn ich daran denke, was ich empfand, als ich auf den scheinbar leblosen Körper meinen treuen Freundes schaute und in seine glasigen Augen blickte. Ich hatte Angst, ihn zu verlieren.

Der Tierarzt untersuchte ihn und behielt ihn über Nacht bei sich. Ich fand es nicht richtig, ohne Bear heimzufahren. Es war still im Auto, und ich dachte, das Schlimmste daran, ein Kind zu sein, war, keine Entscheidungen fällen zu dürfen. Mir wäre es lieber gewesen, Vater hätte mir erlaubt, über Nacht bei Bear zu bleiben, seinen atmenden Körper fest an mich gepresst. Ich hätte besser geschlafen. So tat ich kein Auge zu in meinem Bett.

Am nächsten Morgen eilten wir zum Tierarzt, der meinen Eltern erklärte, dass Bear an einem Gehirntumor litt, der innere Blutungen verursachte. Er versprach, sein Bestes zu geben. Aber während jener längsten Woche meines Lebens verschlechterte sich der Gesundheitszustand in einem Maße, dass man meinen Eltern riet, ihn mit nach Hause zu nehmen. Ich erfuhr nicht, was Bear fehlte, nur dass er heimkam. Ich war völlig aus dem Häuschen. Natürlich sah ich, dass er noch krank war, glaubte aber, er sei bei mir besser aufgehoben. Er lag im Hof auf einer Decke, und ich legte mich neben ihn. Ich erinnere mich noch, was ich ihm versprach: „Egal, was passiert, ich werde dich immer lieben.“ Ich war überglücklich, wieder mit ihm zusammen sein zu dürfen.

Als ich mich in jener Nacht schlafenlegte, fühlte ich mich besser, aber am nächsten Morgen fand ich Bears Bett leer. Es war der schlimmste Tag meines Lebens, als ich von Mutter erfuhr, dass Vater meinen Freund erneut zum Tierarzt gebracht hatte. Sanft versuchte sie mir nahezubringen, dass er niemals mehr heimkehren werde. Ich war fassungslos, denn ich hatte angenommen, ich hätte ihn zurückbekommen, und nun hatte man ihn mir wieder weggerissen. Ich konnte es nicht glauben, aber es traf zu. Vater brachte seine Asche mit nach Hause. Das war alles, was von meinem Freund übriggeblieben war – ein Häuflein Asche. Wir begruben ihn zusammen mit seinem Lieblingsknochen, pflanzten einen kleinen Baum auf sein Grab, und ich legte ein Blumensträußchen darauf.

In jener Nacht lag ich weinend im Bett. Ich war todunglücklich, einfach untröstlich. Ich stand auf und ging unter dem Vorwand in die Küche, mir ein Glas Wasser zu holen. In Wirklichkeit aber hielt ich nach etwas Ausschau, an das ich mich klammern konnte. Als ich das Licht andrehte, wollte ich weder Bears leeres Bett noch die Stelle, an der ich ihn zuletzt lebend gesehen hatte, anschauen. Aber ich musste hingucken und schnappte nach Luft – denn da war er. Nun, sein Geist jedenfalls. Er hielt den Knochen im Maul, mit dem wir ihn begraben hatten, wedelte mit dem Schwanz und sah wirklich glücklich aus. Ich wusste nicht, ob ich weinen oder lachen sollte. Es war unmöglich, aber wahr. Bear ließ den Knochen fallen, der geräuschlos zu Boden fiel. Er schubste ihn ein wenig mit der Schnauze, als wolle er sagen: „Nun, komm! Spiel mit mir!“ Ich ging auf ihn zu und wollte den Knochen nehmen, aber in diesem Augenblick verschwand er – und Bear mit ihm. Ich fiel heulend auf die Knie. Meine Eltern, die mich gehört hatten, kamen in die Küche gerannt, um mich zu trösten. Bis zum nächsten Morgen durfte ich in ihrem Zimmer schlafen.

Hin und wieder, gleichgültig in welchem Haus ich mich gerade aufhalte, sehe ich Bear außerhalb meiner Reichweite mit dem Schwanz wedeln, so als wolle er mir versichern, dass er noch da ist und wir eines Tages wieder vereint sein werden. Es ist mir nicht leicht gefallen, diese Geschichte niederzuschreiben. Ein Tier zu verlieren, besonders wenn man so eng mit ihm verbunden ist, fällt schwer.

Es kostet dem Tiergeist eine enorme Energie, sich sichtbar zu machen. Daran erkennt man, dass es ihm wichtig ist, dem trauernden Besitzer Trost zu spenden. Bear liebte Marshall offensichtlich sehr. Wahrscheinlich wird er in einem anderen Körper erneut in dessen Leben treten.

Katzen

ICH HABE VIELE PHILOSOPHEN UND VIELE KATZEN STUDIERT. DIE WEISHEIT DER KATZEN IST UNENDLICH VIEL HÖHER.
HIPPOLYTE TAINE

Katzen scheinen ebenso häufig wie Hunde zu erscheinen, was ein wenig seltsam anmuten mag, da sie sich meistens sehr viel unnahbarer und unabhängiger als Hunde geben, was an ihrem Körper und ihrer Persönlichkeit liegt, obwohl sie die gleiche Zuneigung empfinden.

Die folgende Geschichte über Oskar stammt von Ross Gatty.

Obwohl im Umgang mit Fremden sehr scheu, war Oskar Männern stets wohlgesonnener als Frauen. Der schwarz-weiße Kater besaß ein sanftes Wesen und liebte es, mir und meinem verstorbenen Vater seine Zuneigung zu zeigen. Mit zehn Jahren – sehr jung für eine Katze – erkrankte er an einem inoperablen Magentumor. Ich war erschüttert. Trotz aller Bemühungen vermochte der Tierarzt das Unvermeidbare nur mit Hilfe von Schmerzmitteln hinauszuzögern.

Schließlich kam der gefürchtete Tag. Die Nacht zuvor hatte ich mit Oskar verbracht, der heiter zu sein schien, so als ob er Bescheid wisse und recht glücklich darüber war. Beim Tierarzt hängte man ihn an den Tropf, um ihm die Schmerzen zu nehmen. In der darauffolgenden Nacht entschlief er friedlich. Ich liebte diesen Kater. Obwohl manch einer die Ansicht vertreten mag: „Es ist doch bloß ein Kater“, war er für mich ein Gentleman und ein sehr guter Freund. Oskar urteilte nicht oder stritt mit mir. Er war ein treuer Kumpel.

Einige Monate später besuchte er mich. Er schien mir beweisen zu wollen, dass er mir nichts übel nahm und mir immer noch die Treue hielt. Ich war gerade aufgewacht und lag mit dem Gesicht nach unten im Bett, als ich etwas recht Leichtes auf das Fußende springen fühlte. Dann spürte ich, wie sich flüchtige, gleichsam ätherische Schritte über meinen Rücken aufwärtsbewegten und sich neben meinem Kopf ein Gewicht auf dem Kopfkissen niederließ. Irgendetwas berührte meinen Kopf – eine Pfote oder ein Atemzug. Dann entfernte sich das Gewicht lautlos vom Bett. In derselben Weise hatte sich Oskar jeden Morgen verhalten.

Ich warf die Bettdecke zurück und sprang aus dem Bett, um nachzuschauen, ob sich eine der drei anderen Katzen im Zimmer aufhielt, aber die Tür war fest geschlossen und keine Katze zu sehen. Ich glaube, Oskar wollte mir Lebewohl sagen, denn ich bereute, in seiner letzten Stunde nicht bei ihm gewesen zu sein. Ich bin überzeugt, dass Katzen und alle Tiere eine Seele besitzen und die Wissenschaft nur noch keinen Weg gefunden hat, dies festzustellen.

Oskar machte sich in einer Weise bemerkbar, die dem Besitzer vertraut war. Falls es sich um eine Vision, weniger um eine Berührungsempfindung handelte, mag sich die Frage stellen, ob eine Aufzeichnung sich wiederholender Energie vorlag und weniger eine neue Manifestation. Andererseits behauptet Ross, er habe Oskars Pfoten deutlich gespürt.

Jamie Kiffel, einer der Herausgeber eines Mainstream Magazins in den USA, trug folgende Geschichte bei.

Sam, ein pechschwarzer kurzhaariger Kater, begleitete uns einundzwanzig Jahre lang. Als ich erwachsen geworden und daheim ausgezogen war, lebte er weiterhin bei meinen Eltern. Jedes Mal, wenn ich heimkam, lief er auf mich zu, miaute zur Begrüßung und wartete darauf, dass ich ihn aufnahm und umhertrug. Dennoch stand er meinem Vater am nächsten, und wenn man die beiden beobachtete, sah es eher aus wie ein Mann mit seinem Hund, und nicht wie ein Mann und sein Kater. Mutter fühlte sich ein wenig übergangen, da Sams Aufmerksamkeit hauptsächlich Vater und mir galt. Andererseits rollte er sich neben sie zusammen, wenn sie am Nachmittag nach der Arbeit vor dem Fernseher saß, und erweckte den Eindruck, als schaue er ebenfalls.

Sam war zeit seines Lebens ein gesundes Tier und begann erst in jener letzten Woche schwächer zu werden. Bis zu diesem Zeitpunkt schätzte man ihn weitaus jünger, obwohl es leicht zu erkennen war, dass es sich um eine alte Seele handelte. Als er ein wenig klapprig wurde, brachten wir ihn zum Tierarzt. Auf dem Untersuchungstisch erlitt er einen Schlaganfall und verschied mit der ihm eigenen Anmut und Würde. Wir waren untröstlich und vermissten ihn unendlich. Mutter dachte immer noch wehmütig, dass Sam Vater und mir näher stand als ihr. Einige Wochen nach seinem Tod träumte ich, mit Vater und Sam in einer Villa zu sein. Cherokee, Sams Schwester, die sechs Jahre zuvor gestorben war, befand sich ebenfalls dort. Sie sah aus wie immer, miaute und war glücklich, aber Sam hatte sich irgendwie verändert. Ich bemerkte, dass er Worte zu formulieren versuchte, was seiner Tierschnauze offensichtlich Schwierigkeiten bereitete. „Frage sie“, begann er, und ich wusste, dass er meine Eltern meinte, „warum sie den Hut dort hängen lassen.“ Vater entgegnete: „Erkläre ihm, es sei in Ordnung. Wir sind dabei, uns von ihm zu trennen.“ Sam fuhr fort. „Sage ihr“, er meinte meine Mutter, „dass ich sie die Kinderbilder sortieren sah. Sie hat es großartig gemacht, ich bin stolz auf sie.“ Ich rief sofort meine Eltern an und berichtete ihnen von diesem Traum. Vater erklärte, Mutter überlege gerade, sich beruflich zu verändern, worauf Sam wohl angespielt hatte, als er von einem *alten Hut* sprach und sie nicht länger an ihrem alten Job hängenbleiben sollte. Aber wer mich wirklich überraschte, war Mutter.

Lachend meinte sie. „Das ist nett. Wenn du vorbei kommst, zeige ich dir die Bilder von den Kindern."

„Welche Bilder?", fragte ich. „Ich weiß nichts von Bildern." Mutter erkannte, dass sie die Bilder mir gegenüber niemals erwähnt hatte. Verblüfft erzählte sie von ihrer nächtlichen Arbeit, die Fotoalben der Kinder der örtlichen Schule, an der sie arbeitete, zusammenzutragen. „Siehst du", erwiderte ich ihr, „du hast immer geglaubt, Sam stehe dir nicht so nahe wie Vater und mir. Nun hat er dir das Gegenteil bewiesen." Ich bin mir ganz sicher, dass es Sam gewesen ist in meinem Traum, denn wie hätte ich etwas so genau träumen können, von dem ich nichts wusste?

Rachael Doonar-Nix schrieb mir aus Australien folgende kleine Geschichte über ihren Kater Floyd.

Eines schrecklichen Tages wurde unser Kater Floyd von einem Auto angefahren und getötet, was ich erst im Nachhinein erfuhr. Noch ehe ich bemerkte, dass er fehlte, kam meine fünfjährige Tochter völlig aufgelöst zu mir und berichtete, sie habe Floyd durch die Zimmerwand gehen und in die Waschmaschine hineinspringen gesehen. Sie war sehr aufgebracht und fürchtete, er könne „gewaschen" und verletzt werden, wenn wir ihn nicht sofort herausholten. Ich ging in den Waschraum, konnte ihn aber nicht finden. Da wurde mir bewusst, dass ich ihn den ganzen Tag noch nicht gesehen hatte, und ich begann, nach ihm zu suchen. Wir fanden den armen Floyd tot auf der anderen Straßenseite liegen.

Wenn Kinder einen Geist sehen, versuchen sie, das Gesehene nicht wegzurationalisieren oder zu erklären. Für ein Kind ist die Welt ohnehin voller magischer Dinge, die sie nicht verstehen. Daher berichten sie von ihrer paranormalen Erfahrung als etwas völlig Natürlichem, was ihre Aussage besonders zwingend macht. Vielleicht lag hierin der Grund, warum Floyd dem Kind erschien.

Pferde

DIE PFERDESEELE ZU VERSTEHEN,
BEDEUTET FÜR DEN MENSCHEN,
DEM VERSTEHEN DER VOLLKOMMENHEIT
AM NÄCHSTEN ZU KOMMEN.
– ANONYM –

Pferde leben zwar nicht mit uns im Haus, aber die Beziehung zwischen ihnen und ihren Besitzern erweist sich gewöhnlich als ebenso eng wie das Verhältnis anderer Menschen zu ihren Hunden oder Katzen. Diese einzigartige Kameradschaft zwischen Mensch und Pferd hat im Laufe der Geschichte schon immer bestanden. Jahrhundertelang zogen sie gemeinsam in den Krieg, in einen Konflikt, den das Tier niemals verstehen konnte und in dem der Mensch es grauenhaften Verletzungen und dem Tod aussetzte. Aber es hat sich dem Willen seines Reiters gebeugt. Pferde werden daher als ebenso edle Tiere betrachtet wie Haustiere.

Dies gilt heute vor allem für Rennpferde, denn diese Partnerschaft ist eines der besten Beispiele für eine harmonische und verständnisvolle Zusammenarbeit zwischen Mensch und Tier. Pferde, die bereitwillig und furchtlos mit ihrem Reiter über Hindernisse springen, vielleicht ohne Kenntnis, wo sie landen werden, müssen ein unglaublich starkes Vertrauen in ihn besitzen. Die Tiere sind nicht nur körperlich um vieles stärker als der Mensch und können daher nicht gezwungen werden, etwas gegen ihren Willen zu tun, sie sind auch Beutetiere und neigen eher zu Argwohn als zu Vertrauen.

Carol Walkers Geschichte demonstriert sehr eindrucksvoll die schiere Selbstlosigkeit unserer Tiergefährten, in deren Welt es weder Eitelkeit noch Missgunst gibt. Dieses Pferd sorgte sich nicht nur um seinen Besitzer, sondern auch um seinen eigenen Bruder.

Für ein Araber-Pferd besaß mein Wallach Ramsay ein recht ungewöhnliches Temperament. Es war ein sehr schönes Tier, mit seinem wie aus Porzellan „gemeißelten" Kopf, dem kastanienbraunen Fell und dem Blond von Mähne und Schwanz. Er ließ sich wunderbar reiten, strömte Ruhe und Ausgeglichenheit aus und reagierte sofort, wohingegen manche Araber für den Durchschnittsreiter ein wenig zu „energiegeladen" sind. Selbst im dichtesten Verkehr fühlte ich mich auf seinem Rücken sicher. Sogar Schwertransporter ließen ihn kalt, was wohl an seinem mangelnden Respekt vor dem Verkehr lag und was ihm zum Verhängnis werden sollte.

Eines Nachts öffnete jemand das Gatter zur Koppel, auf dem er mit neun weiteren Pferden stand. Später reimten wir uns die Ereignisse zusammen. Offensichtlich waren alle Pferde in jener warmen Sommernacht, entspannt das saftige Grün grasend, das sie von der anderen Seite des Zaunes nicht erreichen konnten, den ruhigen Feldweg entlang geschlendert. Dieser führte in eine tiefer gelegene Gegend, in der wir sie wohlbehalten am nächsten Morgen fanden, bis auf Ramsay.

Während die Pferde wohl friedlich weidend ihres Weges zogen, muss irgendetwas Ramsay erschreckt haben, so dass er in die entgegengesetzte Richtung galoppierte und an einer Kreuzung den Weg zur Hauptstraße einschlug, weil er vermutlich glaubte, es sei der kürzeste Weg zurück nach Hause.

Armer Ramsay, er hatte keine Chance. Er rannte geradewegs in einen mit hoher Geschwindigkeit fahrenden Lastwagen. Ein anderes Pferd wäre bei dem Geräusch des herannahenden Vehikels wohl zurückgewichen, nicht aber der furchtlose Ramsay.

Als mich die Polizei am nächsten Morgen weckte, um mir die niederschmetternde Nachricht zu überbringen, erlitt ich einen Schock. Was dann folgte, erlebte ich nur noch verschwommen. Man hatte Ramsay bereits beseitigt, als ich die Unfallstelle erreichte, aber der Lastwagen stand noch dort. Es tat mir leid für den Fahrer, denn ihn traf keine Schuld. Ich wollte unbedingt mit dem anwesenden Tierarzt sprechen, um zu erfahren, ob Ramsay auf der Stelle tot war und nicht leiden musste, ohne dass ich ihm nahe sein konnte. Er versicherte mir, dass die verhängnisvollen Verletzungen mein Pferd augenblicklich getötet hatten.

Die folgenden Wochen verbrachte ich in qualvoller Benommenheit. Ich hatte meinen Felsen verloren und war mir nicht sicher, ob ich ohne ihn jemals wieder reiten konnte. Ein Pferd wie Ramsay gab es nur einmal. Dennoch versuchte ich es. Er hatte ein solch gewaltiges Loch in meinem Leben hinterlassen, dass ich es auf irgendeine Weise füllen musste. Ich wollte nicht aufgeben. Aber das Glück stand nicht auf meiner Seite. Innerhalb von sechs Monaten probierte ich drei Pferde aus. Sie mussten alle drei zurückgegeben werden, da sie sich nicht für mich eigneten.

Dann glaubte ich, die Antwort gefunden zu haben. Es stellte sich heraus, das Ramsay einen Vollbruder besaß, der zum Verkauf stand. Als ich ihn zum ersten Mal sah, verschlug es mir den Atem. Er war das genaue Ebenbild meines Pferdes. Dennoch gab es Unterschiede. Der Wallach war dünn, seine Mähne und sein Schwanz waren verfilzt, seine Augen wässrig und seine Füße lang und ungepflegt. Er hatte einen Blähbauch und war offensichtlich voller Würmer. Außerdem hatte er nicht die Ruhe weg wie Ramsay, was aber eine Frage des Trainings sein würde. Wenn ich ihn ritt, war ich sicher, die Antwort auf meine Gebete gefunden zu haben. Dennoch vermochte ich mich ihm gegenüber nicht zu verpflichten, was wohl teilweise daran lag, dass ich fürchtete, Ramsay könnte sich im Stich gelassen fühlen, wenn er sein Ebenbild auf der Koppel sah. Ich wollte nicht noch eine Enttäuschung erleben. Gedankenverloren ging ich zum Hof zurück, um mich mit einer Freundin zu treffen, die mich mit den seltsamen Worten begrüßte: „Nun, da hast du ja einen gefunden. Er ist großartig!"

„Was?", fragte ich verblüfft.

„Ein Pferd, das wie Ramsay aussieht. Es ist gut, eine solch schöne Pferderasse wieder zu sehen."

Es stellte sich heraus, dass sie ihr eigenes Pferd gerade von der Koppel geholt und ein Pferd gesehen hatte, das genau wie Ramsay aussah und am unteren Ende der Koppel langsam auf und ab galoppierte.

Sie sah meinen verdutzten Blick, und wir rannten los, um das "neue" Pferd zu sehen. Dreimal umrundeten wir die Koppel, zählten und identifizierten alle Pferde, aber es gab kein neues Pferd. Es musste Ramsay gewesen sein, der mir mitteilen wollte, dass er mit meiner Wahl einverstanden war. Ich kaufte das Pferd und nannte es Murad, was „erwünscht" bedeutet. Ein Traumpferd, wie sein Bruder Ramsay. Es ist inzwischen gesund, glänzt und wird geliebt. Ich kann mein Glück kaum fassen.

Ramsays Bruder war offensichtlich in schlechte Hände gefallen. Carol erzählte mir, dass er nicht nur vernachlässigt worden war, sondern sie auf seinen dünnen Flanken die Striemen von Peitschenhieben entdeckt hatte. Seine Tage schienen gezählt zu sein, wäre er bei jenen Besitzern geblieben. Konnte es sein, dass Ramsay gestorben war, um seinen Bruder zu retten? Es handelte sich wohl nicht um einen „glücklichen Zufall", dass Carol dieses Pferd fand. Ramsay hatte sie offensichtlich als wunderbare Pferdehalterin geschätzt, den Bruder an seinem „Glück" teilhaben lassen wollen und Carol zu Murad geführt. Zufälle gibt es nicht.

Diese und die folgende Geschichte ähneln einer Begebenheit, die ich selbst mit meinem geliebten Pony Baloo erlebte, das von einem Auto angefahren wurde und an den Folgen seiner Verletzungen starb. Pferde scheinen sich nach ihrem Tod in besonderer Weise bemerkbar zu machen.

Corrine Bailey schrieb mir aus Kanada. Wie mein Baloo, war ihr Pony ein dürrer, verwahrloster Kerl, der sich unter der großen Zuneigung, die man ihm schenkte, in ein edles Tier verwandelte.

Ich nannte mein Pony Jaspis, da seine Färbung den Farben dieses Edelsteines glich. Erst in seinen Zwanzigern begann sein rotes Fell zu ergrauen. Ich kaufte das Pony auf einer Auktion. Abgesehen von den Händlern, die ein Geschäft mit dem staubigen, zottigen Tier machen wollten, das störrisch dastand und die Ohren zurücklegte, wenn die Männer versuchten, es im Pferch herumlaufen zu lassen, wurde es von niemandem beachtet. Kam ihm einer der Händler mit oder ohne Stock zu nahe, bleckte es die Zähne und rannte davon, drehte sich in letzter Sekunde mit einer raschen Bewegung um und schlug mit den Hinterbeinen aus, obwohl es niemals jemanden trat oder biss. Das Tier war ausgemergelt, und seine hinteren Sprunggelenke bogen sich nach innen. Ich kaufte das Pony weniger aus Mitleid, als wegen des Funkelns in seinen Augen, das auf einen wachen Geist unter dem staubigen Fell deutete.

Es war natürlich nicht einfach, das Tier zu verladen. Ich musste recht flink vorgehen, den Zähnen und Tritten ausweichen und es schlau anfangen. Als Jasper, mein älteres Pony, Smokey im Anhänger stehen sah, stapfte er freiwillig hinein. Zu Hause angekommen, brachte ich die beiden auf die Koppel, damit sich das neue Pony einige Tage entspannen konnte. Dann rief ich Smokey heraus und ging mit einem Eimer voll Futter auf die Koppel, im Glauben, das Futter wirke besänftigend auf Jasper. Weit gefehlt. Kaum befand ich mich in seiner Nähe, ging er von hinten mit fliegenden

Hufen auf mich los. Ich sprang zur Seite und haute ihm mit dem Eimer aufs Hinterteil. Ich wollte ihm nicht weh tun. Der Eimer bestand aus Plastik. Es ging mir nur um das Geräusch, damit er ein bisschen aufschreckte. Auf diese Weise wollte ich ihn wissen lassen, dass ich der Boss war, nicht er.

Dieses Pony besaß eine unglaubliche Intelligenz. Es fügte sich augenblicklich, kam zu mir und blickte sehr einsichtig drein. Später fand ich heraus, dass sich verwahrloste Kinder seiner angenommen hatten und Jasper rasch lernte, sie einzuschüchtern, um sich ihrer Beachtung zu entziehen, weshalb er wohl so dürr und verlottert war. Von jenem Tage an gab es keine Meinungsverschiedenheit mehr zwischen uns. Glücklicherweise bin ich klein und kann gut Ponys reiten. Ich ziehe sie größeren Pferden vor, weil sie im Allgemeinen klüger sind, und Jasper war der Beste. Gewissenhaftes Striegeln und gutes Futter ließen sein Fell bald wunderschön glänzen, und ich nannte ihn King Jasper.

Jasper liebte sein Heu mehr als frisches Gras, ein ungewöhnlicher Zug für ein Pony. Er begleitete mich zweiunddreißig Jahre lang, das heißt, er starb mit achtunddreißig. Eines Morgens fand ich ihn tot auf der Koppel liegen. Ich bedauerte, ihm niemals richtig Lebewohl gesagt zu haben, obwohl ich in den vergangenen Jahren beim Aufhängen des Heunetzes immer daran dachte, mich von ihm zu verabschieden. Diese Art von Tod hatte ich mir für ihn gewünscht, denn ich wäre niemals auf den Gedanken gekommen, ihn erschießen zu lassen.

Einige Wochen später stand ich genau an der Stelle im Koppelunterstand, an der Jasper zu stehen pflegte, und hängte das Netz mit dem Heu für mein neues Pony auf. Es war ein schönes Geschöpf, nicht mehr so jung wie Jasper, als er damals zu mir kam, aber ich war ja auch kein Springinsfeld mehr. Das Pony stand noch im Stall, denn ich wollte erst das Netz aufhängen, ehe ich es herausließ. Es verhielt sich noch ein wenig nervös, und ich hoffte, das Futter werde das Tier beruhigen und daran hindern, in der frühen Dunkelheit über die Koppel zu jagen. Ich dachte an Jasper und sah ihn fast darauf warten, dass ich zurücktrat, damit er sein Futter erreichen konnte.

In diesem Augenblick begann sich das Netz zu bewegen. Es war windstill. Ich starrte auf den Heuballen und fragte mich, was um alles in der Welt ihn hin und her schwingen ließ. Dann erkannte ich es. Es handelte sich um eine ganz charakteristische Bewegung, das heißt, das Netz pendelte hin und her, als ziehe ein lebendes Pferd das Heu heraus. Das sanfte Schwingen wurde immer wieder kurz unterbrochen und setzte sich dann in entgegengesetzter Richtung fort. Es bestand kein Zweifel, das war Jasper. Ich musste in mich hineinkichern: *Gibt es im Himmel denn kein Heu, Junge?* Ich beobachtete die Szene einige Minuten lang, bis mich das neue Pony laut wiehernd unsanft auf den Boden der Tatsachen zurückholte. Bis auf eine leichte auspendelnde Bewegung hing das Netz nun ganz ruhig. Jasper war gekommen, um mich zu sehen, was mich das Leben heute aus einem völlig anderen Blickwinkel betrachten lässt.

Baloo, mein altes Pony, verhielt sich ähnlich nach seinem Tod. Er zog an dem Heunetz, während ich darüber nachsann, ob mein neues Pferd sich für mich eignete. Zuvor hatte man ihn zweimal wild über die Koppel galoppieren gesehen und gehört, was signalisieren sollte, dass die beiden anderen Pferde, die ich in Betracht gezogen hatte, nicht in Frage kamen. Friedlich an seinem Heu zu knabbern, bedeutete seine Zustimmung für mein neues Pferd.

3
Beschützende Haustiere

ES GIBT MEHR BEISPIELE FÜR EINEN TREUEN HUND
ALS FÜR EINEN TREUEN FREUND.
ALEXANDER POPE

Der Gedanke, dass Haustiere, die uns während ihres irdischen Daseins beschützten und bewachten, nach ihrem Tode auch weiterhin für uns sorgen, wirkt tröstlich. Die folgenden Berichte erhärten nicht nur meine Überzeugung, dass Haustiere eine Seele besitzen, sondern beweisen auch, dass der physische Tod weder für sie noch für uns das Ende bedeutet.

Sharon Brooker schrieb:

Die zwölf Monate zwischen 1996 und 1997 waren die schwierigsten meines Lebens. In dieser Zeit verlor ich nicht nur meine Großmutter mütterlicherseits, die ich innig liebte, sondern auch meinen heiß geliebten Hund. Und dann begann meine Krankheit.

Großmutter war eine Frau von klassischer Schönheit mit schlohweißem Haar. Sie war hoch gewachsen und sehr anmutig. Jeder nannte sie eine „richtige Dame“. Sie hatte einmal ein Rennpferd besessen und führte ihr eigenes Eisenwarengeschäft, bis sie England verließ und nach Spanien zog. Als Kinder pflegten meine

Schwester und ich mehrere Wochenenden mit ihr in ihrem Strandappartement auf Canvey Island in Essex zu verbringen. Später flog ich in den Schulferien zu ihr nach Spanien. Am meisten erinnere ich mich an ihr wundervolles ansteckendes Lachen. 1996 stellte man Krebs im Endstadium bei ihr fest. Es blieb nur ein kurzer Monat, um uns von ihr zu verabschieden.

Meine Hündin Tara, ein Mischling, war seinerzeit die Hässlichste des Wurfes gewesen, was sie für mich noch schöner machte. Sie besaß etwa die Größe eines Springer Spaniels, kurzes glänzendes Fell und einen langen Schwanz, der in einem weißen Büschel endete. Tara war in erster Linie schwarz, mit hellbraun-weißen Beinen und einer hellbraun-weißen Brust. In ihrem schwarzen und hellbraunen Gesicht saßen eine fuchsähnliche weiße Nase und wunderschöne dunkelbraune Augen. Wenn man sie fotografierte, lächelte sie immer. Manchmal schlief sie auf meinem Kopfkissen, den Körper um meinen Kopf gewunden, die Nase in mein Ohr gesteckt. Sie war treu und sanft, und wir liebten uns über alles. Sie lag mit mir auf der Couch, ihren Körper zwischen mir und der Rückenlehne lang gestreckt, den Kopf an meine Schulter gelehnt, die feuchte Nase auf meinem Hals. Ich fühlte mich behütet und sicher bei ihr. Eine ihrer weniger liebenswerten Angewohnheiten bestand darin, dass sie an ihrem Markknochen eine Weile herumnagte und ihn dann in den Garten brachte und dort vergrub. Pfoten und Nase voller Dreck, ein breites Grinsen im Gesicht, tauchte sie dann wieder auf. Eklig wurde es, wenn sie den Knochen später, oft nach Monaten, ausbuddelte, das schleimige, schimmelige Ding über den Wohnzimmerteppich zog und eine Spur von Dreck und undefinierbarem klebrigen Zeug hinterließ. Bemerkte man sie nicht, trottete sie in mein Schlafzimmer hinauf und legte es liebevoll vor mein Bett.

Tara erkrankte ebenfalls in jenem Jahr. Tag und Nacht kümmerte ich mich um sie. Nichts war mir zu viel. Sie litt unter einem Hirntumor, den die Behandlung nicht einzudämmen vermochte. Im Juni 1997 musste ich die schwierigste Entscheidung meines Lebens treffen und Taras Leiden ein Ende bereiten, was wahrscheinlich meine eigene Krankheit auslöste. Mein Gesundheitszustand verschlechterte sich. Ich hatte ME, eine schreckliche Krankheit, die viele Leute einfach ignorieren. Ich litt unter ständiger Müdigkeit und Gelenkschmerzen. Mitunter war es so schlimm, dass ich nicht aus dem Bett kam, es sei denn, um in ein heißes Bad zu sinken. Die Depressionen verstärkten sich und machten es mir fast unmöglich, mit den drei anderen Hunden spazierenzugehen. Ich wollte nur Tara.

Als ich eines Tages von unserem Spaziergang zurückkehrte, fand ich auf dem Wohnzimmerteppich lauter Kleckse verstreut. Ich konnte es nicht fassen. Sie waren nicht dort gewesen, als wir gingen. Ich folgte der Schmutzspur nach oben und sah, was ich erwartet hatte. Neben meinem Bett lag ein großer, mit blauem Schimmel verschmierter Knochen. Es musste Tara gewesen sein, die ihn dort hinlegte. Keiner meiner anderen Hunde vergrub seinen Knochen, buddelte ihn wieder aus und legte ihn mir vor das Bett. Außerdem waren sie mit mir draußen gewesen. Einige Tage später bestätigte sich mein Verdacht. Ich stand im Schlafzimmer und sah aus dem Augenwinkel ihr Schwanzbüschel zur Tür hinaus verschwinden. Ich rannte hinterher, konnte aber nichts entdecken.

Die Krankheit schwächte mich in zunehmendem Maße. Sie wurde unerträglich. Ich lag auf meinem Bett und wollte nur schlafen und nicht mehr aufwachen. Ein Traum rettete mich, das heißt, Tara rettete mich.

Ich stand auf einer Wiese und sah deutlich das grüne Gras und den weißen Palisanderzaun. Ein schmaler Wiesenpfad führte zu einem Gatter und hinaus zu den dahinterliegenden Hügeln. Direkt neben dem Tor stand meine Großmutter. Tara befand sich in meiner unmittelbaren Nähe, ihr natürlichster Platz. Sie wedelte wild mit dem Schwanz und rannte auf mich zu. Ich konnte es nicht fassen, wie wunderbar und gesund sie aussah. In diesem Augenblick fühlte ich mich selbst wieder genesen. Ich schaute zu meiner Großmutter hinüber, die mir lächelnd zuwinkte. Tara, die ich innig umarmte, leckte mir die Freudentränen von den Wangen. Ich vermochte kaum zu sprechen und sagte ihr, wie sehr ich sie vermisste und liebte. Es war einfach wunderbar. Doch nach einer Weile wandte sich Tara von mir ab. Sie trottete ein paar Schritte und blickte über die Schulter zu mir zurück. Ich wollte nicht, dass sie ging. Ich vermochte es kaum zu ertragen und bat sie zu bleiben. Sie aber setzte ihren Weg fort und blickte sich immer wieder nach mir um. Als ich hinter ihr herzulaufen begann, vernahm ich die Stimme meiner Großmutter: „Nein, Sharon, du kannst nicht kommen." Ich verstand. Ihnen zu folgen, bedeutete das Ende meines Lebens, und ich würde niemals mehr in meinem Bett aufwachen. Tara erreichte Großmutter, die sich zu ihr hinunterbeugte, um sie zu streicheln. Großmutter blickte auf, lächelte mir zu – und Tara wedelte ein letztes Mal mit dem Schwanz. Dann gingen die beiden durch das Tor und entschwanden allmählich meinem Blick. Im nächsten Augenblick lag ich wach in meinem Bett. Ich fühlte mich alleine. Andererseits wusste ich, dass mein Leben noch nicht abgeschlossen war. Großmutter und Tara kamen, um mir dieses Leben bewusst zu machen und mich zu ermutigen, meine Krankheit zu besiegen. Das *werde* ich, ihnen zuliebe, denn in jener Nacht retteten sie mich.

Ich hatte von Hunden gehört, die darauf abgerichtet werden, Krankheiten zu erspüren, und von anderen, die zurückkehrten, um ihren Besitzer vor Gefahr zu bewahren. Die folgende Geschichte von Jane Tarbuck berichtet von beidem.

Mein Pudel Roxie erhellte mein Leben. Seit jenem Tag, an dem wir sie als schokoladenbraunen Flaumball mit nach Hause nahmen, sah ich mit Schrecken dem Augenblick entgegen, in dem sie uns verlassen musste. Wir alle wissen, auch wenn wir nicht darüber reden, dass unsere geliebten Haustiere eines Tages gehen werden. Obwohl mein kleiner Zwergpudel nicht das Zeug zum Wachhund besaß, kümmerte ihn dies wenig. Sie war überfürsorglich und machte ein Getue, wenn ich verletzt oder krank war, und verteidigte mich entschlossen gegen jede empfundene Gefahr. Ich glaube, ich gehörte zu den glücklichen Hundebesitzern, denn im Alter von sechzehn Jahren wachte Roxie eines Morgens einfach nicht mehr auf. Ihr kleiner Körper lag zusammengerollt am Fußende meines Bettes, wo sie zu schlafen pflegte. Beim Aufwachen wartete ich darauf, dass sie, wie gewöhnlich, auf die Füße sprang und mir einen Kuss gab, aber sie bewegte sich nicht. Mein Herz krampfte sich zusammen, als mir bewusst wurde, dass es Roxie nicht mehr gab. Mein Leben würde nicht mehr dasselbe sein. Das Haus war ebenso leer wie mein Leben, und ich trauerte um sie, wie andere Menschen um ihr Kind oder ihren Mann. Einen solchen Einfluss besaß sie auf mein Leben!

Ich hätte nicht gedacht, sie jemals wiederzusehen.

Mein Augenlicht hatte immer zu wünschen übrig gelassen, und ich war gezwungen, es regelmäßig vom Optiker überprüfen zu lassen, um überhaupt etwas sehen zu können. Nach Roxies Tod ließ ich die Sache schleifen und erreichte den Punkt, an dem ich zwar erkannte, dass meine Sehkraft gewaltig nachließ, mich aber nicht darum kümmerte. Meine Augen entzündeten sich. Eines Abends wechselte ich in rascher Folge die Fernsehkanäle. Die verschwommenen Bilder langweilten mich. Ich hatte mir nicht einmal die Mühe gemacht, meine Brille aufzusetzen, weil mich im Grunde genommen nichts wirklich interessierte. Sie lag neben mir auf dem Boden.

Plötzlich bemerkte ich einen dunklen Schatten aus der Wand hervortreten. Instinktiv griff ich nach meiner Brille. Als meine Hand sie streifte, sprang der „Schatten“ durch das Zimmer und stürzte sich darauf. Beim Sprung materialisierte er sich in einen kleinen braunen Pudel. Es verschlug mir den Atem, und der Pudel, meine Roxie, grapschte nach der Brille. Ihre Schnauze fuhr geradewegs hindurch. Sie setzte erneut an, und dann hörte ich ihr aufgeregtes kleines Kläffen, mit dem sie mir immer verzweifelt etwas verständlich zu machen versuchte. Dann verschwand sie.

Ich war völlig außer mir, dass sich Roxie offensichtlich noch in meiner Nähe aufhielt und mir nicht verlorengegangen war. Meine Augen füllten sich mit Tränen. Die salzige Flüssigkeit brannte, und mir wurde bewusst, wie schlecht es um meine Augen stand. Nun begriff ich, was Roxie mir zu verstehen geben wollte. Am nächsten Tag ging ich zum Augenarzt und musste erfahren, dass sich ein Glaukom entwickelte. Es war ihm unverständlich, warum ich ihn nun plötzlich aufsuchte, nachdem ich mehrere Termine ausfallen lassen hatte. Was auch immer der Beweggrund gewesen sein mag, er habe mein Augenlicht gerettet, meinte er, denn ohne Behandlung wäre ich mit Sicherheit erblindet. Roxie war schon immer mein Schutzengel – und sie ist es heute noch.

Jeff Gordon rief mich aus den Vereinigten Staaten an und berichtete mir stolz von den Leistungen seines Pferdes Chester. Ich kann seine Begeisterung nachempfinden, denn Chester scheint tatsächlich ein besonderes Pferd gewesen zu sein.

Es war *das* Pferd schlechthin. Chester, ein Quarter Horse, war wirklich klug, und ich brachte ihm allerlei Tricks bei. Er konnte zählen, Farben auseinanderhalten, Hände schütteln, sich verbeugen, fast alles, wozu auch ein Hund imstande wäre. Er konnte sogar Dinge „holen“ und mit einem riesigen Ball spielen, den er mit seinen Hufen hin und her rollte. Er wurde fast fünfundzwanzig Jahre alt. Wir standen uns sehr nahe, denn er war noch ein Fohlen, als ich ihn bekam. Chester vertraute mir, und ich vertraute ihm.

Sein Fell leuchtete in einem einmalig schönen Mahagonibraun. Wir verbrachten eine großartige Zeit miteinander, und ich glaube, ich war nicht ein einziges Mal böse auf ihn.

Aufgrund eines Beinbruches musste ich ihn einschläfern lassen. Ich war verzweifelt. Er hatte ein gutes Alter erreicht, hätte aber durchaus vierzig Jahre alt werden können. Ich schwor, mir niemals ein anderes Pferd mehr zuzulegen, dazu war Chester zu einmalig gewesen. Andere Pferde gab es nicht auf unserem Gelände.

Im vergangenen Jahr geschah etwas Seltsames. Pferdegewieher riss mich aus dem Schlaf. Wenn man von einem Geräusch aufgeweckt wird, kann man es zunächst oft nicht identifizieren. Dann fragte mich meine Frau: „Was war das? Es hörte sich wie Chester an."

Dies konnte natürlich nicht sein, aber sie hatte recht, denn das Wiehern wiederholte sich und klang tatsächlich wie Chester. Man möchte annehmen, eine Pferdestimme klingt wie die andere, aber es gibt ebenso Unterschiede wie bei uns Menschen. Sie klang schrill, ungeduldig und vielleicht ein wenig hysterisch, Chesters typischer „Beeilung!"-Ton, der unmittelbar unter unserem Schlafzimmerfenster erscholl. Ich sprang aus dem Bett und schaute hinaus. Dort stand kein Pferd. Was mich stärker als das unsichtbare Pferd erschreckte, war der Qualm, der von der Scheune aufstieg. Sie brannte!

Zum Glück wohnen wir nicht allzu weit von der Stadt entfernt, und das Feuer war rasch unter Kontrolle. Ein elektrischer Defekt hatte es ausgelöst. Nachdem sich alles beruhigt hatte und die Versicherungsformulare ausgefüllt waren, konnten wir über den Vorfall nachdenken. Wir glaubten beide, dass Chester uns vor dem Feuer retten wollte. Feuer ist etwas, das alle Pferde fürchten, was wohl genügt hatte, ihn zurückzubringen. Er rettete uns und das Haus. Der Windrichtung nach zu urteilen, hätten die Flammen den gesamten Besitz erfasst, wären wir nicht aufgewacht. Vielleicht hat Chester nun doch nichts dagegen, wenn ich mir ein neues Fohlen zulege, vor allem nicht, wenn ich es Little Chester taufe.

Tiere scheinen nach ihrem Tod zurückkehren zu können, falls ihr Besitzer in Gefahr schwebt. Das Gleiche traf für Carrie Chestnut und ihre Katze Lucky zu.

Wir nannten unsere Katze Lucky, weil sie unserer Meinung nach Glück hatte, dass wir gerade in dem Augenblick vorbeikamen, in dem sie als Letzte eines unerwünschten Wurfes ertränkt werden sollte. Wie es sich herausstellte, waren *wir* die Glücklichen.

Wir wohnten in einem netten, wenn auch etwas schäbigen Häuschen, gerade groß genug für uns, aber sehr gemütlich. Hier wuchs Lucky auf. Sie war eine großartige Katze. Pechschwarz, mit einem winzigen weißen Stern auf ihrer Nase, sah sie wirklich hübsch aus, und wir waren entrüstet, dass ihr Besitzer sie töten wollte, ohne ihr die geringste Lebenschance zu gewähren. Sie war wohlerzogen und vergeudete keine Zeit damit, uns sinnloses Zeug anzuschleppen, wie tote Mäuse oder sogar Ratten. Lucky zog über die Felder und brachte uns Kaninchen, die wir verspeisen und somit das Haushaltsgeld aufbessern konnten. Es mag knauserig klingen, aber ich esse lieber einen Feldhasen als ein Schwein, das ein Leben lang nur seinen engen Pferch kannte.

Mit vierzehn Jahren erlitt Lucky einen Schlaganfall und erblindete. Wir bemühten uns sehr um sie, aber es war schrecklich mit ansehen zu müssen, wie sie litt. Sie war niemals eine Hauskatze gewesen, und wenn man sie im Haus hielt, schrie und heulte sie, bis man sie ins Freie ließ. Sie war todunglücklich. Zunächst schien draußen alles in Ordnung zu sein, bis sie die Orientierung verlor und wir sie mitten auf der Straße hockend fanden, eine Zielscheibe für jedes Auto. Selbst von einem langsam fahrenden Fahrzeug konnte sie leicht angefahren werden, da sie es nicht kommen sah oder nicht wusste, wohin sie laufen sollte.

Es bedurfte einiger Zeit, bis ich begriff, dass sie mir andeuten wollte, lieber zu gehen. Ich will nicht bis zu der Annahme gehen, sie hätte beabsichtigt sich zu töten und genau gewusst, was sie tat, wenn sie auf der Straße hockte, obwohl es manchmal den Anschein erweckte.

Schließlich überwand ich mich und hielt sie in den Armen, während der Tierarzt ihr die Injektion verabreichte. Wir begruben Lucky so tief im Wald, dass sie nicht ausgebuddelt werden konnte, und häuften einen kleinen Steinhügel über sie.

Ohne sie war es traurig. Immer wieder sah ich aus den Augenwinkeln ihre Gestalt vorüberhuschen, aber wenn ich genau hinschaute, war nichts zu sehen. Sie blieb meine einzige Katze.

Wir wurden älter, die Kinder gingen aus dem Haus, und es blieben nur noch mein Mann Jeff und ich übrig. Auch das Haus war alt geworden, und wir schienen niemals genügend Geld zu besitzen, um etwas zu richten. Im tiefsten Winter, einige Wochen vor jenem Ereignis, von dem ich berichten will, wurde ich krank. Ich litt unter anhaltenden Kopfschmerzen und einem Gefühl, als hätte ich Alkohol getrunken, obwohl wir kaum etwas tranken, weil das Geld nicht dafür reichte. Zunächst dachte ich an eine Grippe. Jeff hatte es weniger erwischt, da er sich, wie wir später begriffen, nicht so lange im Haus aufhielt wie ich.

Eines Abends ging ich früh zu Bett, da ich mich sehr schlecht fühlte, und schlief bald fest ein. Gegen drei Uhr wurde ich wach. Irgendetwas musste nicht in Ordnung sein, denn Jeff lag nicht neben mir; aber ich war unfähig aufzustehen. Da hörte ich ein klagendes Miauen, das nach Lucky klang. *Du weißt, wo es warm ist, nicht wahr, Pussi*? Schlaftrunken streckte ich die Hand aus, und meine Finger fanden ihr weiches Fell. Ich schmiegte mich an sie. Ein Teil von mir dachte: *Moment mal, sie ist tot, Lucky ist tot*, aber der Rest von mir wollte schlafen, nichts als schlafen.

Wie gesagt, Lucky war eine gute Katze und kratzte oder biss niemals. Als sich daher ihre Zähne in meine Finger bohrten, sprang ich geradezu aus dem Bett und griff nach meiner Hand, um das

Blut zum Stillstand zu bringen. Mir war schwindelig, und ich zündete das Licht an. Da war keine Katze, und es gab auch kein Blut. Ich drehte und wendete meine Hand und dachte, es müsse wohl ein Traum gewesen sein. Dann wurde mir mein Zustand bewusst und dass Jeff nicht zu Bett gekommen war. Mich kaum auf den Füßen haltend, taumelte ich die Treppe hinunter und fand ihn bewusstlos auf dem Sofa liegen. Der Gasboiler dröhnte, und mit einem Male traf es mich. Kohlenmonoxidvergiftung! Ich packte Jeff und schüttelte ihn. Als dies nicht wirkte, schlug ich ihn so fest ich konnte.

Das half. Beide taumelten wir nach draußen in die Kälte. Die frische Luft belebte uns bald, und ich war in der Lage, bei unseren Nachbarn die Ambulanz anzurufen. Wie ich bereits bemerkte, die Glücklichen waren *wir*.

Die Hündin Merle lebte auf einem Bauernhof und nahm ihre Aufgabe sehr ernst. Collies wie sie fühlen sich oft für die gesamte Familie verantwortlich und hüten diese, wenn es sein muss, wie Schafe oder Rinder. Kristy Willis berichtete von einem Hund, der sein Verantwortungsgefühl nie verlor.

Wir zählten zwölf und fünfzehn Jahre, mein Bruder Danny und ich, als wir eine Woche bei unserer Tante in Dorset auf dem Bauernhof verbrachten. Es waren eigentlich keine richtigen Ferien, denn wir lebten ja schon zu Hause in Wiltshire auf einem Bauernhof. Ich denke, Mutter schickte uns weniger um unseretwillen zur Tante, sondern eher, damit sie uns eine Weile aus dem Weg hatte. Sechs Wochen Schulferien müssen ihr wie Jahre erschienen sein. Trotzdem, es war eine schöne Woche, und wir genossen die andere Landschaft, langweilten uns aber beide und konnten es kaum erwarten, wieder daheim an unseren Computern zu sitzen.

Wäre es nach mir gegangen, hätte sich nichts Besonderes ereignet. Ungeachtet der Dauer, hätte ich den üblichen Weg nach Hause genommen, ohne in der Dunkelheit durch die nasse Gegend zu stapfen. Aber es kam anders. Nach mehrmaligem Umsteigen erreichten wir schließlich unsere Heimatstation. Aufgrund der Verspätung verpassten wir den Bus, der uns fast direkt vor die Haustür gebracht hätte. Der nächste Bus fuhr erst eine Stunde später.

Danny meinte, wir könnten den Rest des Weges in der Hälfte der Zeit zu Fuß gehen. Ich wollte nicht, da es meiner Meinung nach doppelt so lange dauerte. „Nicht, wenn wir Luftlinie gehen", erwiderte er. Er bestand darauf, querfeldein zu laufen. Es klang logisch, weshalb ich zögernd einwilligte. Ich glaube, keiner von uns bemerkte, dass es sich bewölkte und die Sterne und der Mond uns in der Dunkelheit nicht den Weg weisen konnten. Wir stopften unsere Hosen in die Socken, damit sie in dem hohen Gras nicht nass wurden, und stapften los.

Zunächst kamen wir gut voran, da unser Weg über Schotter und gemähte Wiesen führte. Als es völlig dunkel geworden war, erkannte ich unser unsinniges Vorhaben, denn man sah fast nichts mehr. Stadtmenschen können sich kaum vorstellen, wie dunkel es auf dem Land sein kann, wenn man sich von der Straßenbeleuchtung entfernt. Wir verirrten uns eigentlich nicht, denn hin und wieder funkelte das Licht eines Cottage oder Bauernhauses herüber, das wir erkannten. Ich war gerade so weit, irgendwo anzuklopfen, denn meine Beine fühlten sich nass an und ich war es leid, dass mir in der Dunkelheit urplötzlich Brombeerzweige und anderes Geäst ins Gesicht schlugen. In diesem Moment meinte Danny: „Da sind wir schon auf der hinteren Wiese. Es ist nicht mehr weit." Der Gedanke an eine heiße Dusche und meinen Computer munterten mich auf, und ich drängte vorwärts. Um zur nächsten Wiese zu gelangen, mussten wir nur noch die Eisenbahnbrücke überqueren und über die letzte Weide zum Hof laufen.

Wir stolperten tastend vorwärts, um den Spalt zu spüren, der das Ende der Bahnschwelle bedeutete. In diesem Augenblick blieb uns fast das Herz stehen. Aus der Dunkelheit tauchte plötzlich Vaters Collie Merle auf. Merle konnte manchmal ein wenig nerven, weil sie glaubte, *alles* hüten zu müssen, einschließlich uns. Andererseits freuten wir uns, sie zu sehen, denn nun waren wir daheim.

Danny ließ einen Schrei los, als seine tastende Hand das Gatter auf unserer Seite der Brücke fand, und begann, murrend an dem Riegel herumzufingern. Das Tor stand gewöhnlich offen, denn die Rinder standen erst im August auf dieser Weide, und nun war es Mitte Juli. Schließlich schaffte er es. Ehe er das Gatter aufschwingen konnte, versperrte ihm Merle den Zugang. Bellend sprang sie uns in den Weg. Als dies nicht wirkte, knurrte sie uns an und fletschte die Zähne. Merle gegenüber war ich schon immer etwas misstrauisch gewesen, weshalb ich Danny vorschlug, aufzugeben und außen herum zu gehen, selbst wenn es etwas länger dauerte. Zögernd stimmte er zu. Selbst sein Wagemut war ein wenig verflogen.

Merle war verschwunden, Gott sei Dank, und wir erreichten unseren Hof ohne weitere Zwischenfälle. Mutter beklagte sich als Erstes über unsere Schrammen und die schmutzigen Jeans, eröffnete uns dann aber, sie habe eine schlechte Nachricht zu verkünden. Merle war den Feldweg hinuntergelaufen und von einem Laster getötet worden. Entsetzt und gleichzeitig verwundert blickten wir uns an. Wie konnte Merle tot sein, wenn wir sie doch gerade eben erst gesehen hatten? Mutter erblasste, als wir ihr von unserem Erlebnis berichteten. Vater hatte die Kühe und Kälber bereits auf jene Weide getrieben, an deren Durchquerung Merle uns gehindert hatte. Kühe können sehr gefährlich werden, wenn sie glauben, ihren Kälbern drohe Gefahr. Zwei Kinder, die in der Dunkelheit tastend ihren Weg suchten, hätten mit Sicherheit ihren aggressiven Beschützerinstinkt geweckt. Wir wären völlig hilflos gewesen.

Es gibt zahlreiche Berichte über einen riesigen weißen Hund, der an unterschiedlichen Orten auftauchte und Menschen vor Gefahren bewahrte. Es handelt sich weder um den Geist eines speziellen Haustieres noch besteht eine offensichtliche Verbindung zu den Geretteten. In einem Fall wurde eine Frau von dem Hund daran gehindert, ein Zimmer zu betreten, in dem gerade ein Streit losbrach, und entging somit einem tödlichen Schuss. In einem anderen Fall wurde bezeugt, dass ein Mann ein paar Stufen in den Keller hinuntergestoßen wurde, während Sekunden später im Vorgarten Schüsse ertönten und ein Mann zu Tode kam. Woher kommen diese geheimnisvollen Beschützer? Aus einer anderen Zeit, einem anderen Raum, einer anderen Dimension?

Der erstaunliche Bericht, den mir die Künstlerin Nicola J. T. MacMillan zukommen ließ, verstärkt dieses Geheimnis.

Mein Großvater väterlicherseits war eine wunderbarer Mann, eine gutmütige Seele, stets bereit zu helfen. Da er ein hervorragender Mechaniker war, bat ihn der Vater meiner Mutter um die Wartung seines Eiscreme-Wagens. Großvater arbeitete den ganzen Tag daran. Am Abend kletterte er hinter das Lenkrad und startete den Motor. Da dieser einwandfrei lief, fuhr er den Wagen zurück zum Depot, damit dem Vater meiner Mutter nicht noch ein weiterer Arbeitstag verlorenging. Er lieferte ihn ab und wurde wieder zu seiner Arbeitsstätte gebracht, um von dort aus mit seinem eigenen Wagen nach Hause zu fahren. Die Straßen von Liverpool waren eisig in jener kalten Winternacht. Während der Fahrt schaute er flüchtig zum Allerton Friedhof hinüber, auf dem Familienmitglieder begraben lagen, und sprach ein kurzes Gebet für sie. Als er die zweispurige Fahrbahn erreichte, bemerkte er einen Mann mit erhobenem Daumen dort stehen. Sein Hund befand sich dicht bei ihm. Es war bereits nach Mitternacht, und Großvater wollte die beiden nicht in der Kälte stehen lassen. Er fuhr an den Straßenrand, hielt an, kurbelte das Fenster herunter und fragte den Mann nach seinem Ziel. Dieser verschwand in Sekundenschnelle. Meinem Vater sträubten sich die Nackenhaare. Er erschauderte. In diesem Moment sprang der Hund durch das Fenster und ließ sich auf dem Beifahrersitz nieder, was meinen Großvater erneut erschreckte, weil er den Hund nicht mehr bemerkt hatte. Rasch schloss er das Fenster und fuhr nervös und ein wenig zitternd weiter.

Seine Gedanken rasten. Wohin war der Mann verschwunden? Handelte es sich um einen Geist, der den Hund in Sicherheit bringen wollte? Wie auch immer, der Hund war Wirklichkeit und konnte nicht der Kälte ausgesetzt werden. Als sie heimkamen, folgte ihm der Hund ins Haus, wo sie von Großmutter und Urgroßmutter begrüßt wurden. Mein Vater, damals noch ein Teenager, lag im Bett und schlief fest. Während Großvater noch über den merkwürdigen Vorfall nachgrübelte, fütterte er sein neues Haustier und bereitete ihm ein Nachtlager. Am nächsten Tag beschloss man, den Hund zu behalten und ihn Kim zu nennen, da sein Halsband das Initial „K“ trug. Es war ein schwarz-weißer deutscher Schäferhund von sanftem Wesen und robuster Gesundheit, mit glänzendem Fell. Kim gehörte bald zur Familie. Er zeichnete sich als hervorragender Wachhund aus. Tagsüber leistete er Großvater in der Garage Gesellschaft. Ein Jahr verging. Am Jahrestag jenes mysteriösen Zwischenfalls, bei dem Großvater den Hund gefunden hatte, verlor er ihn. Wie immer, gingen die beiden morgens zur Arbeit, die er frühzeitig beendete. Er beschloss, den Nachmittag freizunehmen, packte seine Sachen zusammen und fuhr heim. Beim Aussteigen hörte er den Eiscremewagen klingeln und überquerte mit Kim die Straße, um seinen Kindern ein Eis zu kaufen. Nachdem man ihn bedient hatte, ging er mit seinem Nachbarn hinter den Wagen, um wieder die Straße zu überqueren. In diesem Moment raste ein Auto voller Jugendlicher vorbei und hätte ihn umgerissen, hätte sich Kim, der die Gefahr witterte, nicht geistesgegenwärtig dazwischen geworfen und die beiden Männer zurückgestoßen. Armer Kim! Er war augenblicklich tot.

Verzweifelt über den Verlust, vermochte Großvater den Mut seines geliebten Hundes nicht zu fassen. Kim wurde eingeäschert und auf Großvaters Wunsch auf dem Allerton Friedhof begraben, direkt gegenüber jener Stelle, an der sie sich zum ersten Mal begegneten.

Als er zwei Monate später die Hillfoot Avenue hinunterfuhr, entdeckte Großvater denselben Tramper wie damals mit seinem Hund. Fassungslos fuhr er an den Straßenrand und beobachtete ungläubig, wie der Mann vor seinen Augen verschwand – und diesmal auch Kim. War Kim meinem Großvater geschickt worden, um sein Leben zu retten, und bestand zwischen ihm und dem Eiscremewagen des Vaters meiner Mutter eine Verbindung? Oder war er nach diesem einen Jahr nur zu seinem früheren Besitzer zurückgekehrt? Der Tramper und sein Hund wurden von vielen anderen Leuten gesichtet. Wird Kim eines Tages ein anderes Leben retten?

4
Haustiere, die zurückkehren

„ICH STARB ALS MINERAL UND WURDE EINE PFLANZE,
ICH STARB ALS PFLANZE UND ERHOB MICH ZUM TIER,
ICH STARB ALS EIN TIER UND WURDE MENSCH.
WAS SOLL ICH FÜRCHTEN?
WANN HAT MICH DER TOD WENIGER GEMACHT?"
– RUMI –

Es wird sich wohl niemals eindeutig beweisen lassen, wenn ein Tier in einem neuen Körper zu uns zurückkehrt, was vielleicht auch nicht sein soll. Ein derartiger Beweis würde die Welt verändern – und möglicherweise nicht zu ihrem Besten. Wäre der Reinkarnationsglaube Allgemeingut, gäbe es mit Sicherheit unzählige Menschen, die am Leben verzweifelten und auf ein besseres hofften.

Die folgenden Begebenheiten liefern nicht den Beweis, dass Tiere zurückgekehrt sind, zeigen aber ihre tröstende Wirkung auf die Besitzer.

Janet Schofield schrieb:

Russ, der kleine Kurzhaarterrier, war ein Geschenk meiner Nichte an meine Eltern und eigentlich als „Therapiehund" für meine Mutter gedacht, der es seinerzeit nicht gut ging und die heute noch nicht wohlauf ist. Er kam im Dezember 2000 zu uns. Seinen Geburtstag feiern wir immer am 7. November mit einem kleinen runden Kuchen, in dem eine Kerze steckt. Bei unserem Geburtstagsständchen singt er inzwischen mit. Mutter und Vater finden es großartig. Ich habe ihn gelehrt, Hallo zu sagen, was fast natürlich klingt. Nachts schläft er jetzt bei meinen Eltern im Bett.

Mitunter zeigt er geradezu menschliche Züge. Er sitzt mit uns am Frühstückstisch und verspeist seinen Hundekuchen. Er beginnt den Tag gerne mit etwas Süßem und liebt es, Mutters Müslischale sauber zu lecken, später aber auch die Dessertschalen. Er ist ein richtiger Familienhund geworden. Andererseits verhält er sich seltsam, wenn er am Abend seine Hauptmahlzeit bekommt. Er rührt sie nicht eher an, als bis ich mich zu ihm ins Wohnzimmer setze und mit ihm spiele, damit er frisst. Vielleicht liegt es daran, dass ich Hunde eigentlich nicht besonders mag. Er wurde nicht für mich gekauft, und ich verstehe nicht, warum er sich so verhält.

Es mag lächerlich klingen, aber Russ kommt mir irgendwie bekannt vor. Seine Essgewohnheiten erinnern mich an meinen Großvater, der ebenfalls den Nachtisch vor der Hauptmahlzeit aß, und dann der Wirbel, den er um uns veranstaltet, besonders wenn jemand krank ist. Ich bin am stärksten betroffen. Manchmal fühlt es sich an, als sei mein Großvater zurück.

Sarah Brenners Geschichte liefert erstaunliche und überzeugende Aspekte der Wiederkehr eines Hundes in einem neuen Körper.

Als mein Blick auf den Welpen in dem Korb fiel, glich dieser eher einer ertrunkenen Ratte als einem Hund. Obwohl er im Rettungszentrum nach dem Bad mehr oder weniger gut abgetrocknet worden war, klebte sein kurzes Fell so fest an ihm, dass es aussah, als gäbe es keines. Diese kleine Hündin war eine Mischung zwischen einem Chihuahua und irgendetwas. Mein Mann meinte, es sei vielleicht eine Ratte gewesen, was ich nicht sehr liebenswürdig fand. Mit ihrem leicht vorstehenden Oberkiefer, was ihre Zähne ein wenig seltsam aussehen ließ, war sie gewiss nicht der schönste Hund der Welt. Mich störte es nicht. Ich nahm sie auf, blickte in ihre großen braunen Augen – und es war Liebe auf den ersten Blick. Von diesem Augenblick an besaß sie mich. Ray, mein Mann, liebte sie ebenfalls, obwohl er versuchte, es nicht zu zeigen. An dem Tag, an dem ich sie nach Hause brachte, dünn und fast ohne Haare, fand sie einen Platz in seinem Herzen.

Ich nannte sie Teacup. Ein ulkiger Name, aber er passte zu ihr, denn sie war zart wie Porzellan – ihr Wesen allerdings nicht. Sie war spitzbübisch und strahlend. Wenn ich sie aufnehmen sollte, konnte sie ein kleiner Tyrann sein. Sie schrie und zeterte, als werde sie von einem Rottweiler angegriffen. Es war ungezogen, aber ich liebte die Aufmerksamkeit, die sie mir schenkte. Sie brachte Ray in Verlegenheit, wenn er draußen vor dem Geschäft, in dem ich meine Einkäufe tätigte, mit ihr auf mich wartete und sie sich, sich auf ihren Hinterbeinen drehend, zur Schau stellte.

Sie fraß leidenschaftlich gerne Doppelkekse, gefüllt mit Vanillecreme. Man konnte ihr nicht trauen, denn sie erfand die verrücktesten und frechsten Tricks, um sie einem wie eine plündernde Möwe zu entreißen. Solch ein winziger Hund! Seit wir sie bekamen, war sie kaum gewachsen, besaß aber das Herz eines Löwen.

Sie lebte lange, worüber ich mich sehr freute. Für eine Weile dachte ich, sie lebe für immer, was natürlich nicht der Fall war. Dann kam der Tag, den wohl alle Hundebesitzer fürchten. Abgesehen von der Zahnreinigung, die wir einige Male im Jahr durchführen ließen, benötigte sie ihr Leben lang keinen Tierarzt. Jene Nacht, in der sie starb, war wie jede andere. Sie ging abends zu ihrer Toilette und kuschelte sich dann mit ihrer Wärmflasche, von der sie sich niemals trennen konnte, in ihr Lager. Ich sagte ihr *Gute Nacht* und ging zu Bett.

Als ich am nächsten Morgen nach unten kam, wusste ich sofort, dass etwas geschehen war, denn sie blieb niemals liegen, wenn sie mich hörte. Noch um die inzwischen kalt gewordene Wärmeflasche gerollt, sah sie so friedlich und still aus. Ich nahm sie auf. Ihrer Starre nach zu urteilen, musste sie bereits vor Stunden entschlafen sein, vielleicht sogar kurz nachdem ich sie verlassen hatte. Ich schluchzte und weinte. Ray kam herunter, um zu sehen, was geschehen war, und weinte ebenfalls.

Die folgenden Monate schmerzten. Wenn ich nach Hause kam und die Tür öffnete, empfing mich schweigende Leere. Ray schlug wiederholt vor, einen neuen Welpen zu retten, wozu ich mich aber nicht bereit erklären konnte, da mein Herz noch an Teacup hing, was wohl immer der Fall sein würde, wie ich glaubte. Einige Jahre später geschah während unseres Urlaubs, den wir in einem Cottage im Lake Distrikt verbrachten, etwas Wundersames. Wir waren bereits häufiger in dieser Gegend gewesen, liebten und kannten sie gut. Unser Cottage lag sehr einsam, und Ray meinte, wir sollten uns mit der Zeit nach einem näher gelegenen Haus umsehen. Mir aber gefiel es dort. Als ich eines Morgens das Frühstück bereitete und Ray, angezogen vom Duft brutzelnden Schinkens, in die Küche kam, hörte ich etwas an der Tür kratzen.

„Was war das?“, fragte ich.

„Ich weiß es nicht“, erwiderte Ray und setzte sich an den Tisch. Ich verstand und ging selbst an die Tür, um sie zu öffnen. Es war niemand zu sehen. Ein Winseln ließ mich nach unten blicken. Dort stand der hübscheste Hund, den ich jemals erblickt hatte, ein kleiner schwarzer Flaumball, der mit riesigen braunen Augen zu mir emporblickte.

„Wer bist du?“, fragte ich.

„Mit wem sprichst du?“, meinte Ray.

„Hier steht ein kleiner Hund“, erwiderte ich und ließ ihn herein.

Ray schaute ihn an, lächelte und bot ihm einen Speckfetzen an. Der Hund sprang wie selbstverständlich auf den gegenüberstehenden Stuhl. Da niemand Anspruch auf ihn erhob, nahmen wir den Hund am Ende unseres Urlaubs mit nach Hause. Wahrscheinlich war er herrenlos.

Penny, wie wir sie nannten, gehörte innerhalb eines Tages zur Familie, dennoch spürte ich ein gewisses Unbehagen und glaubte, Teacup betrogen zu haben. Ray fand dies albern. Eines Abends, während Ray gerade Tee aufbrühte, betrachtete ich Penny, deren Gesicht sich mit einem Male veränderte. Das schwarze zottige Fell verschwand und wurde plötzlich grau und glatt. Ihr hübsches Gesicht zeigte vorstehende Zähne. Ich blinzelte. Teacups Gesicht schaute mich an. Dann nieste sie. Ihr Gesicht erzitterte, und sie war wieder Penny. Ich dachte, ich begänne zu spinnen und beschloss, Ray auf keinen Fall etwas davon zu sagen. In dem Moment kam er aus der Küche zurück, reichte mir eine Tasse Tee und zwei Vanillekekse. Ehe ich mich versehen hatte, sprang Penny wie der Blitz von ihrem Stuhl neben mir hoch, schnappte einen Keks und verschwand hinter dem Sofa.

„Mein Gott“, rief Ray, *„das ist ja unheimlich!“* Nicht halb so unheimlich wie das, was ich sah, dachte ich. Penny war zweifellos Teacup. Ich hatte mein Kleines zurück.

Oft kehren wir in einer anderen Gestalt zurück, um ein völlig neues Leben zu führen, was erklären mag, weshalb Teacup als die hübsche Penny zurückkehrte, sozusagen als Ausgleich. Ihre Fressgewohnheiten schien sie allerdings beibehalten zu haben.

Die in Wales lebende Holly Davis arbeitet als Pferdeflüsterin und berichtete mir von ihrem erstaunlichen Erlebnis. So wie vielen Menschen, die in ihrem Leben auf etwas warten, das eine Veränderung herbeiführt, erging es auch Holly.

Mein Interesse an Pferden erwachte zum ersten Mal, als meine Tochter Charlotte begann, Reitunterricht zu nehmen. Kurz danach wurde uns eine wunderschöne Araberstute mit Namen Kayleigh angeboten. Unerfahren, unvorsichtig und wahrscheinlich ein wenig unklug, griff ich sofort zu. Nach drei Monaten konnte ich sie reiten. Aus irgendeinem Grunde vertrauten wir einander von Anfang an, und ich vermochte sie gedanklich zu beruhigen.

Eines Nachts erkrankte sie ernstlich. Sie litt unter fürchterlichen Koliken. Der Tierarzt diagnostizierte einen Tumor, der sich wohl um ihren Darm geschlungen und ihn zusammengeschnürt hatte. Sie lag buchstäblich im Sterben.

Während der folgenden Wochen musste Kayleigh zweimal operiert werden. Der zweite Eingriff war einschneidend, aber ihre einzige Überlebenschance. Während ich wartete, lauschte ich ununterbrochen John Denvers *Annie's Song*, oder, wie ich ihn später nannte, *Kayleigh's Song*, denn ich muss stets an sie denken, wenn ich diese Musik höre. Kayleigh kam nach Hause und erholte sich langsam, obwohl es Monate dauerte. Sie war erst dreizehn Jahre alt, zeigte aber bereits die ersten Anzeichen des Cushing Syndroms, einer Stoffwechselkrankheit.

Eine Weile ging alles gut. Doch bald machte es sich bemerkbar, dass ihr Körper ihrem Alter nicht entsprach. Eine Freundin übermittelte mir eine Botschaft von Kayleigh: „Ich werde dich an deine emotionalen Grenzen bringen. Halte durch, denn es geht um dich und deine Überzeugungen. Mein Körper gehört mir nicht. Er ist eine Prüfung." Panik erfasste mich bei dieser Botschaft, die ich verdrängte und mit der Zeit vergaß.

Kayleigh wurde zusehends schwächer und litt außerdem unter chronischer Entzündung der Huflederhaut. Telepathisch ließ sie mich wissen: „Du weißt, wie du mich gesund machen kannst. Ich werde an Altersschwäche sterben." Also bemühte ich mich auch weiterhin und unternahm alles, um ihr das Dasein zu erleichtern. Wenn ich ehrlich darüber nachdenke, wollte ich damals nicht wahrhaben, wie es wirklich um sie stand. Ich konnte den Gedanken nicht ertragen, sie zu verlieren, nicht *meine* Stute.

Ich erinnere mich noch genau an den Augenblick, an dem ich auf die Koppel ging und Kayleigh mir telepathisch zu verstehen gab, dass sie bereit war zu sterben. Ich brach in Tränen aus, lief ins Haus, warf mich auf mein Bett und weinte wie ein Kind. Sie fuhr fort, sanft aber bestimmt auf mich einzureden, ich sollte mich zusammenreißen und wieder nach draußen gehen. Ich folgte ihrer Anweisung. Mit meinen inneren Augen sah ich sie auf ein Energieband zeigen, das von meinem Magen zu ihr verlief. Sie erklärte mir, es müsse aufhören, dass ich sie energetisch versorge, um sie am Leben zu erhalten. Ich erkannte die Rötung und Schwellung an dem Ende, das mit mir verbunden war. Seit Monaten litt ich tatsächlich unter Magenproblemen. Sie wies mich an, das Band durchzutrennen und sie gehen zu lassen, was aber erst geschehen könne, wenn ich sie zu hundert Prozent liebte, da die siebenundneunzig Prozent, die ich jetzt empfand, nicht genügten. Es fiel mir leicht, ihr meine absolute Liebe zu geben. Ich durchtrennte das Band und ließ sie gehen.

Ich betrachtete sie und *sah* ihren tatsächlichen Zustand zum ersten Mal. Es verschlug mir fast den Atem, als ich erkannte, was ich monatelang nicht wahrhaben wollte. Mit erst fünfzehn Jahren starb diese Stute an hohem Alter. Das arme Mädchen sah wie Dreißig aus. Kayleigh erklärte mir, dass wir beide einige Tage benötigten, um uns an den Gedanken ihres Todes zu gewöhnen. Es war ein Samstag, und sie meinte, der Donnerstag sei der richtige Zeitpunkt, weshalb ich den Tierarzt auf diesen Tag bestellte. Für den Sonntag hatte ich mir vorgenommen, ein Pferdeturnier zu besuchen, wollte Kayleigh jedoch nicht alleine lassen. Sie aber drängte mich zu gehen, um nach einem kleinen gelben Hund Ausschau zu halten, der eine Nachricht für mich bereithielt.

Gehorsam machte ich mich am nächsten Tag auf den Weg, wenn auch höchst ungern, denn unsere gemeinsame Zeit war kurz bemessen. Unterwegs hielt ich bei einer Autobahnraststätte an, um zu frühstücken. Als ich mich an den Tisch setzte, nahm ich den Bon, den man mir an der Kasse gegeben hatte, und las ihn durch. Es war das erste Mal, denn normalerweise beachte ich ihn nicht. Ganz unten stand zu lesen: „Sie wurden von Kayleigh bedient." Es lief mir kalt über den Rücken. Diese Stute hatte mir tatsächlich geholfen. Ich steckte das Stück Papier sorgfältig ein und fuhr weiter. Als ich mein Ziel erreicht hatte und aus dem Wagen stieg, begrüßte mich ein kleiner gelber Hund, der einem anwesenden Tierarzt gehörte. Ich fragte ihn, ob er eine Botschaft für mich habe, und vernahm die klare Antwort: „Es ist eine Freude, dir dienen zu dürfen!“ Ich musste lachen, denn diese Stute schien keine Grenzen zu kennen, um mich aufzuheitern. Sie war in meiner Nähe und half mir. Ich blieb den ganzen Tag über und arbeitete mit Pferdebesitzern und ihren Problemen. Am Abend trat ich die lange Heimreise an.

Der nächste Tag verlief geruhsam, und ich konnte mich des Gefühls nicht erwehren, dass sich etwas in mir verändert hatte. Friede war eingekehrt. Als der Tierarzt am Donnerstagmorgen erschien, fühlte ich mich seltsam ruhig und glücklich. Kayleigh erhielt zunächst eine Beruhigungsspritze und anschließend die tödliche Injektion. Ich stand nur da und beobachtete, wie sie sanft zu Boden glitt. Bald konnte ich den alten, verbrauchten Körper, der zu meinen Füßen am Boden lag, nicht mehr mit meiner Stute identifizieren. Während des gesamten Vorgangs hatte ich mich innerlich pausenlos mit Kayleigh unterhalten.

Ich glaubte, dies sei das Ende, bis mich abends eine Freundin anrief und mir von einem an diesem Tag im Internet erschienenen Eintrag erzählte, überschrieben mit: „Ich weiß nicht von wem und für wen.“ Sie meinte, ich solle ihn unbedingt lesen. Die Botschaft lautete:

„Wir sind eins, ich habe dich nicht verlassen, ich stehe dir zur Seite und führe dich. Dein Traum ist mein Traum, und ich werde ihn bis zum Schluss verteidigen. Wir werden gemeinsam Seite an Seite wandeln, denn du bist mein getreuer Freund und ich bin dein Führer. Wir werden schweigend durch den Sand schreiten.“

„Bist du es Kay?“, fragte ich. „Ja“, hörte ich sie innerlich antworten. Ich musste lachen, als ich der Dame, die die Nachricht ins Internet setzte, eine e-mail schickte. Sie schrieb zurück und fragte, ob mir „Süßigkeit“ etwas sagte. Ehe der Tierarzt gekommen war, hatte ich Kay nach Jahren wieder einmal Polo Mints gegeben.

Als ich am späten Abend die Einfahrt hinunterging, um das Tor abzuschließen, vernahm ich Kayleighs Stimme klar und deutlich: „Schau nach oben.“ Eine wunderschöne Sternschnuppe schoss vorbei. „Das bin ich“, meinte sie sanft, „jede Seele hat einen Stern.“

Es war nicht das Ende, sondern eher ein Beginn. Kay hat mich niemals wirklich verlassen. Einige Tage nach ihrem Tod stand ich auf der Koppel, als sie mich um eine Umarmung bat. Ich drehte mich um und sah Anam Cara, meinen wunderschönen Araber, der mir direkt in die Augen blickte. Es war ihre Stimme, die von ihm kam. Instinktiv umarmte ich ihn. Kay verließ zwar ihren physischen Körper, aber ihre Weisheit, ihr Wissen und zweifellos ihre Liebe lebten in diesem Pferd weiter, damit wir gemeinsam unseren Weg gehen und unseren Traum träumen konnten. Anam Cara veränderte sich an jenem Tag und nahm Kays Angewohnheiten an. Zweifellos hatte sie ihren Geist in seinen Körper übertragen.

Ben Miller berichtet von einer ungewöhnlichen Begebenheit mit seiner Katze Cilla. Haustiere scheinen nicht nur in einem anderen Körper, sondern auch mit einem festen Vorhaben zu uns zurückzukehren.

Ich habe mich stets vor Katzen geängstigt – nicht nur geängstigt, ich fürchtete sie geradezu. Als Junge hat man mich immer ausgelacht, wenn ich die Straße überquerte, um einer Katze auszuweichen, oder wenn ich es vermied, an Zäunen entlangzugehen, aus Furcht, es könnte eine hervorspringen. Die Vorstellung, ihr Auge in Auge gegenüberzustehen, entsetzte mich. Meine Freundin, die sich mit esoterischen Dingen befasst, meinte, ich sei möglicherweise in einem vergangenen Leben Ägypter gewesen und getötet worden, weil ich versehentlich eine heilige Katze verletzte. Vielleicht hat sie recht. In diesem Leben habe ich jedenfalls keiner

Katze etwas zuleide getan. Ich will einfach nicht in ihre Nähe kommen und ihr schon gar nicht in die Augen schauen. Dieses Schlitzförmige mag ich nicht.

Nein, ich war ein „Hunde-Mensch“, durch und durch. Hunde waren cool und starrten einen nicht an. Ich besaß einen Hund mit Namen Ringo, den ich sehr liebte. Er hatte einen wunderbaren Sinn für Humor. Er liebte es, sich zu verstecken und mich dann anzuspringen, ein breites Lachen auf seinem fetten kleinen Gesicht. Er legte mir feuchte Knochen oder nasses Spielzeug ins Bett und lachte, wenn ich aufschrie und aus dem Bett sprang. Zehn Jahre lang verbrachten wir eine wunderbare Zeit miteinander. In seiner Begleitung fühlte ich mich draußen sicher, denn ich muss gestehen, ich lehrte ihn, Katzen zu jagen. Der Ausruf *Katzen* versetzte ihn in helle Aufregung, und er hielt Ausschau nach dem angriffslustigen Tier. Er fing niemals eine, was ich natürlich auch nicht zugelassen hätte, aber mit ihm auf der Straße fühlte ich mich wohler, denn ich wusste, die Katzen hielten Abstand. Sein Tod ließ mich verzweifeln. Er war mein Kumpel und mein Beschützer gewesen. Ohne ihn fühlte ich mich einsam und hilflos wie als Kind.

Von jenem Tage an schienen die Katzen wieder in der Nachbarschaft aufzutauchen. Ich traf sie überall. Sie drückten sich unter Autos und Hecken herum und starrten mich schlitzäugig an, besonders im Dunkeln, wenn ihre Augen glühten. Meine Freundin Kate hatte genug und heckte einen Plan aus, aber wohl nicht sie alleine.

Eines Abends wartete sie zu Hause mit einem durchlöcherten Karton auf mich. Für einen Welpen recht klein, dachte ich und wich entsetzt zurück, als ich den Deckel hob und eine *Katze* darin sah. Eigentlich war es keine Katze, sondern eher ein winziges tropfnasses Katzenkind. Ich muss gestehen, dieses nasse, zitternde Etwas dauerte mich. Ich forderte aber trotzdem meine Freundin auf, es unverzüglich zurückzubringen.

„Das geht nicht“, meinte sie. Man hatte das Tier in den Kanal geworfen, aus dem sie es rettete. Ich war mir nicht sicher, ob ich ihr glauben konnte. Die Geschichte schien mir allzu windig, aber Kate rührte sich nicht vom Fleck. Sie versicherte mir, das Tier am nächsten Morgen ins Tierheim zu bringen, das aufgrund der späten Stunde bereits geschlossen hatte. Wenn ich das Kätzchen rausschmiss, würde es sterben. Ich gab nach. Für die eine Nacht konnte es bleiben, wenn Kate sich darum kümmerte und es mir nicht zu nahe kam. Sie hob es aus dem Karton, trocknete es, gab ihm ein wenig Thunfisch, hüllte es in ein großes flauschiges Handtuch und nahm es auf den Schoß.

Schließlich setzte ich mich neben sie, denn das Kätzchen war eingeschlafen. Ich konnte nur den oberen Teil seines Köpfchens aus den Tuchfalten hervorlugen sehen. Kate bestand darauf, es mit in unser Schlafzimmer zu nehmen. Als ich am Morgen aufwachte, war es an meinen Hals gekuschelt. Ich rastete fast aus, aber selbst meine Furcht ließ mich das kleine Geschöpf nicht verletzen. Kate war nicht im Zimmer, und so lag ich die nächste halbe Stunde wie erstarrt da, das Fellbündel an meinem Hals. Es wachte auf, bewegte sich aber nicht, sondern begann zu schnurren. Ich hatte noch niemals eine Katze schnurren gehört. Es fühlte sich gut an. Es kam, wie es kommen musste, das Kleine eroberte mein Herz und blieb bei uns.

Nach einigen Wochen war unser schwarzes Kätzchen bereit, die Welt draußen zu erkunden. Wir beschlossen, mit ihm in den Garten zu gehen und es anfangs zu beobachten. Da es keinen Zaun gab, befürchteten wir, es könne auf die Straße laufen und überfahren werden. Da kam mir eine Idee. Ich holte Ringos Halsband und die Leine aus dem Schrank. Als Cilla, so nannten wir sie, die Leine sah, setzte sie sich unvermittelt auf, als warte sie darauf, dass man es ihr anlegte. Ringo hatte sich genauso verhalten. Bei Katzen ist dies ungewöhnlich. Das geflochtene Halsband ließ sich leicht anpassen, und Cilla spazierte brav neben uns her, als sei es schon immer so gewesen. Aber es wurde noch seltsamer. Nach einigen Tagen begann ich, sie auf einen Spaziergang durch die Straßen mitzunehmen. Es erinnerte mich an meine Zeit mit Ringo.

Plötzlich tauchte auf der anderen Seite einer niedrigen Mauer im Garten eine fremde Katze auf. Ich erstarrte. Mit einem Mal sprang Cilla auf die Mauer, knurrte und spie und das Fell stand ihr zu Berge. Die andere Katze rannte davon und verschwand im Nu hinter dem Haus. Es war seltsam! Bis zum heutigen Tage lässt Cilla es nicht zu, dass sich mir eine Katze nähert.

Später bemerkten wir, dass Cilla mit Ringos Quietschtieren spielte und sich dorthin legte, wo er zu liegen pflegte. Ich habe das Gefühl, mein alter Junge, mit seinem grandiosen Sinn für Humor, fand es irrsinnig komisch, in Gestalt meiner Erzfeinde zurückzukehren. Es mag auch sein, dass er meine Liebe testen wollte. Würde ich ihn in einem Katzenkörper genauso akzeptieren?

Es ist bekannt, dass Menschen aufgrund der Erinnerung an frühere Leben ihre Ängste überwunden oder zumindest eine Lösung gefunden haben, um mit ihnen zu leben. Dass aber ein Tier einen solchen Wandel bewirken wollte, habe ich noch nicht gehört.

Hunde, Katzen und Pferde besitzen mit Sicherheit Sinn für Humor. Mein erstes Pony, Baloo, war ein rechter Komiker. Kam ein Unbekannter in den Hof, empfing es ihn mit den ulkigsten Grimassen. Es rollte seine Oberlippe hoch, verdrehte das Maul und zeigte die Zähne. Die Leute lachten natürlich, und je mehr sie lachten, desto stärker verdrehte es das Gesicht. Mehr als einmal habe ich Fremde beobachtet, die sich bogen vor Lachen.

5
Tierboten

NICHTS IST EDLER UND EHRWÜRDIGER ALS TREUE.

CICERO

Was könnte einen Menschen dazu veranlassen, ein Tier als Boten zu entsenden oder selbst als solches zu erscheinen? Ich denke, es fällt einem Geist generell nicht leicht, sich auf physischer Ebene zu manifestieren, was als Tier einfacher sein mag. Der Vater von Katie Willis fand meiner Ansicht nach Gefallen daran, seine Familie zum Lachen zu bringen.

Mein Vater war ein Witzbold. Er neckte uns Kinder ständig und spielte uns Streiche. Manchmal schien er das Kind zu sein und wir waren die Eltern; aber ich hätte ihn niemals geändert. Er war der allerbeste Vater. Dann änderte sich die Lage und mit ihr unser Vater. Er war damals achtundvierzig Jahre alt. Seit frühester Kindheit galt seine Leidenschaft den Brieftauben, die er über alles liebte. Er züchtete sie, und jeder Einzelnen galt sein besonderer Stolz.

Jeden Abend nahm er uns Kinder mit ins Vogelhaus, zeigte uns die einzelnen Vögel, nannte ihre Gattung und erzählte von ihren Siegen. Er erklärte die verschiedenen Farben und Arten und wie er gelernt hatte, die besten Tiere zu züchten. Er konnte sich von keiner Taube trennen und sah sich erst gezwungen, ein Tier zu verkaufen, wenn das Vogelhaus überquoll. Aber er nahm es sehr genau und überprüfte gewissenhaft das neue Zuhause. Die einzigen Tage, an denen er keine Zeit für uns hatte, waren die Flugtage. Sobald man die Tauben irgendwo freiließ, suchte er mit dem Fernglas den Horizont ab und wartete darauf, dass das erste Pünktchen erschien. Sein schlimmster Alptraum waren die Sperber. Wenn seine Tauben draußen waren, ging er manchmal bereits im Morgengrauen hinaus, beobachtete und betete, dass er den typischen gewieften Anflug des Habichts auf seine Vögel nicht sehen musste.

Er war einfach ein wunderbarer Vater. Mit achtundvierzig Jahren traf es ihn hart. Seine Tauben wurden von Salmonellen befallen. Eine von ihnen muss sie auf ihrem Flug aufgeschnappt haben, denn Vater achtete bei seinen Tauben peinlichst auf Sauberkeit. Er versuchte alles, um die Krankheit einzudämmen, aber eine Taube nach der anderen verendete. Vater gab sich selbst die Schuld. Aber keiner hätte sich um seine Vögel besser kümmern können als er, was wir ihm auch immer wieder versicherten. Schließlich blieb nur noch seine Lieblingstaube Cleo. Als auch sie starb, hörte er nicht auf zu weinen. Es gibt Leute, die einwerfen mögen, dass es sich lediglich um einen Vogel handelte, aber für Vater bedeutete er mehr. Er hatte den besten Teil seines Lebens der Taubenzucht gewidmet und dabei ein ganz spezielles Tier hervorgebracht – und das war Cleo. Als sie starb, starb auch seine Freude. Selbst für mich war sie mit ihrem schillernden Gefieder ein wunderschönes Exemplar. Die Farbsymphonie schien zu klingen.

Nach diesem Vorfall ging es mit Vater zusehends bergab. Seine liebevolle, glückliche Natur schien eine Kehrseite zu besitzen. Sechs Monate später wurde er mit Lungenkrebs diagnostiziert, und nach zwei weiteren Monaten verloren wir ihn. Ich glaube, die Krebserkrankung war eine Folge seiner Trauer. Er versuchte nicht, sie zu bekämpfen, so als wolle er gehen. Wir waren verzweifelt, konnten uns aber des Gefühls nicht erwehren, dass wir ihn bereits an jenem Tage verloren hatten, als Cleo starb – und er nun glücklicher war. In den folgenden Monaten bemühten wir uns, über unseren Kummer hinwegzukommen und uns an den Vater zu erinnern, der er immer gewesen war, bevor er seine Tauben verlor.

Eines Tages saß ich im Garten. Vater hatte das Vogelhaus abgerissen und sich geschworen, niemals mehr Tauben zu halten. Im Bemühen, das Ganze durch harte Arbeit zu vergessen, baute er ein Sommerhaus an dieser Stelle. Dort saß ich, dachte an Vater und fragte mich, wo er wohl war und ob es ihm gut ging. In diesem Augenblick hörte ich den typischen Flügelschlag einer Taube, die sich auf der Stange niederließ, und vernahm ihr sanftes Gurren. Ich nahm an, es handelte sich um eine Wildtaube. Der Vogel flatterte auf den Boden und tippelte zur Vorderseite des Sommerhauses. Sein Gefieder schimmerte wie ein glänzendes Mosaik. Ich starrte und starrte, zu ängstlich, mich zu bewegen, um ihn nicht zu verscheuchen, denn ich war felsenfest davon überzeugt, Cleo vor mir zu sehen. Bei dem Tier handelte es sich eindeutig um eine Brieftaube, die eine einzigartige Zeichnung aufwies. Wenn dies zutraf, musste sie einen Ring am Bein tragen, wie alle Zuchttauben. Ich konnte keinen entdecken. Als ob er es bemerkt hätte, öffnete der Vogel seine Schwingen und drehte sich im Kreis, damit ich ihn genau betrachten konnte. Es musste Cleo sein – doch sie war tot.

Ich betrachtete sie etwa fünf Minuten lang, wollte aber meine Mutter nicht holen, aus Angst, der Vogel könnte davonfliegen. Sie blinzelte mir zu, was bei Tauben bisweilen vorkommt, aber in ihrem Falle schien es etwas zu bedeuten. Schließlich stand ich auf und beugte mich vorsichtig hinunter, um sie aufzunehmen, doch sie flog aufs Dach. Ich holte meine Mutter, aber als wir zurückkehrten, war natürlich nichts von Cleo zu sehen.

Wie albern es auch klingen mag, ich glaube, Vater schickte diesen Vogel. Im Krieg sandten Widerstandskämpfer ihre Botschaften per Brieftaube von Frankreich nach England. Welchen besseren Weg hätte er also wählen können, uns eine Botschaft aus dem Jenseits zu senden, als durch eine Brieftaube?

Kürzlich verlor ein Freund seine geliebte Frau, eine meiner besten Freundinnen, durch Krebs. Er war verzweifelt und wünschte sich nichts sehnlicher als ein Zeichen von ihr. Eines Tages saß er auf dem Bett, in dem sie gestorben war, und betrachtete die kleine Handglocke auf der Bettdecke. Als sie schwächer geworden war, hatte er sie ihr gegeben, damit sie läuten konnte, falls sie etwas benötigte. Er starrte auf die Glocke und bat seine Frau, diese doch bitte zu läuten, als Beweis dafür, dass sie sich noch in seiner Nähe aufhielt. Lange geschah nichts, und er begann zu verzweifeln.

Meine Freundin hatte ihre Katze über alles geliebt und war eng mit ihr verbunden gewesen. Mit einem Male hörte mein Freund die Katze die Treppe herauf tapsen, wollte sie aber eigentlich nicht gerne im Zimmer haben, um den Augenblick nicht zu zerstören. Aber die Katze kam herein, hielt einen Augenblick inne und sprang aufs Bett. Dann schlug sie ein einziges Mal fest auf die Glocke, was genügte, diese leicht zum Klingen zu bringen, verließ das Zimmer und ging wieder hinunter. Da meine Freundin die Glocke nicht selbst zu bewegen vermochte, schickte sie offensichtlich ihre Katze.

Peter Ellis erzählt ebenfalls von einem Vogelboten.

Als ich ein Kind war, besaßen meine Großeltern einen Papagei, einen African Grey, mit Namen Polly. Heute weiß ich, dass sie die besten Redner sind. Ihr (für mich damals) riesiger Schnabel und die wachen Augen ängstigten mich ein wenig, und ich fürchtete, von ihr gebissen zu werden, was niemals geschah. Sie verstand es, jemanden so genau nachzuahmen, dass ich niemals wusste, ob Großvater, Großmutter, meine Eltern oder Polly mich riefen. Klopfte jemand an die Tür, wie zum Beispiel der Milchmann, pflegte sie in Großmutters Stimme zu rufen: „Wer ist es?" Gewöhnlich antwortete er: „Der Milchmann!" Polly fragt immer wieder: „Wer ist es?" Ein Fremder musste glauben, es handelte sich um eine taube alte Frau und antwortete daher lauter und lauter, bis man ihn aus seiner Misere befreite. Ich musste immer lachen, betrachtete Polly aber stets mit Misstrauen.

Einige Jahre später verloren wir die Großeltern innerhalb weniger Wochen. Sie waren beide in ihren Achtzigern und wollten wohl nicht ohne einander sein. Polly fand bei uns ein neues Zuhause. Papageien erreichen ein hohes Alter, und so mussten wir uns um sie kümmern. Bald schrie sie jedem, der zu uns wollte, entgegen: „Wer ist es?“ Stundenlang konnte sie Besucher unterhalten, indem sie diese nachahmte. Zunächst sprach sie irgendetwas in der Stimme der Betreffenden nach, die in Lachen ausbrachen, was sie ebenfalls imitierte, und so fort, bis sich alle Anwesenden vor Lachen krümmten. Ich musste feststellen, dass Polly doch nicht so schlimm war.

Eines Abends saßen wir im Wohnzimmer. Pollys Käfig war bereits für die Nacht abgedeckt. Sie zwang uns dazu, andernfalls imitierte sie jeden, der im Fernsehen redete. Vater und Mutter sprachen über die Großeltern, die sie sehr vermissten, als Polly mit einem Male in Großvaters Stimme zu reden begann. Wir blickten uns verwundert an. Sobald das Tuch über ihrem Käfig lag, hörte sie gewöhnlich auf zu reden. Außerdem hatte sie seit Großvaters Tod dessen Stimme nicht mehr nachgeahmt. Noch mehr verblüffte uns, was sie sagte. Dergleichen hatten wir niemals von ihr gehört. Es lautete in etwa:

„Wir sind in Ordnung. Wir sind glücklich. Kümmert euch um Polly und genießt euer Leben.“

Vater rannte zum Käfig, riss das Tuch fort und erschreckte Polly, die völlig unschuldig dreinblickte. Bis heute wissen wir nicht genau, ob Großvater uns über Polly eine Nachricht zukommen lassen wollte. Ich denke schon, denn Polly hat seither niemals mehr in seiner Stimme geredet.

Es heißt, Papageien seien ebenso intelligent wie Hunde und Katzen, weshalb es verwundert, dass man nicht mehr über sie hört. Vielleicht liegt es daran, dass Vögel, die in einem Käfig aus dem Leben schieden, nicht länger an der Erde hängen möchten.

Die Geschichte erinnert mich an eine Episode, von der mir Rosemarie Davis berichtete. Der Papagei ihrer Freundin besaß viel Freiheit und hing sehr an seiner Besitzerin, die er „Mami" nannte. Als die Dame starb, wurde sie im Salon aufgebahrt, damit sich die Familie von ihr verabschieden konnte. Der Papagei war ebenfalls zugegen. Als man den Sargdeckel schloss, sagte er: „Mami ist schlafengegangen." Wie konnte dieser Vogel verstehen, was Schlafengehen oder Sterben bedeutet? Papageien und Wellensittichen sagt man nach, nur Imitatoren und nicht intelligent genug zu sein, um aufgrund eigener Intelligenz rationale Äußerungen zu formulieren.

Von Christy Cooper erhielt ich die folgende Geschichte über ihren Bruder und einen Hund.

Ich lebe draußen auf dem Land und habe einen langen Heimweg, der über eine schmutzige, kurvenreiche Straße führt. Der weite Weg lohnt sich, denn es herrscht ein wunderbarer Frieden an dem Ort. Meiner Ansicht nach gehört Colorado zu den herrlichsten Plätzen der Welt, vielleicht ist es sogar der schönste. Nach dem Tod unserer Eltern erbten mein Bruder Pete und ich das Haus und den umliegenden Besitz und lebten acht Jahre dort (nicht immer in Harmonie, aber in Liebe). Pete pflegte zu scherzen, dass wir beide als Hinterwäldler wohl niemals einen Partner fänden. Mich störte es nicht, denn ich liebte den Platz und wollte für immer dort bleiben. Es gab nur eine einzige Nachbarsfamilie, und das war in Ordnung so. Ihre Tochter Megan, meine beste Freundin, fuhr mit Pete und mir täglich zur Arbeit in die Stadt.

Pete wünschte, dass ich mir einen Hund zulegte. Er sorgte sich, wenn ich allein im Haus war, während er mitunter die ganze Nacht hindurch feierte. So sehr ich Tiere liebte, ich bevorzugte sie in Freiheit. Außerdem empfand ich es als unfair, einen Hund tagsüber sich selbst zu überlassen, da wir beide arbeiteten. Pete wies auf seine zeitweise Nachtschicht hin, aber es gelang mir, ihm die Sache auszureden. Jedes Mal, wenn wir an einem Tiergeschäft vorbeikamen, zeigte er auf die Welpen im Fenster und machte „Oh“ und „Ah“, um mich zu bewegen, einen mit nach Hause zu nehmen. Ich gewöhnte mich an den Gedanken, dass er eines Tages mit einem kleinen Hund auftauchen würde und mir keine andere Wahl blieb, als ihn zu behalten.

Heute wünschte ich, ich hätte nachgegeben, denn vor einem Jahr verlor ich meinen Bruder. Er kam bei einem Verkehrsunfall ums Leben. Wochenlang befand ich mich in einem Schockzustand. Aufgrund seiner unregelmäßigen Arbeitszeiten hatte ich mich daran gewöhnt, dass Pete jederzeit auftauchen konnte. Nach langer Krankheitspause gelang es mir mit Megans Hilfe, meine Arbeit wieder aufzunehmen.

Als wir einige Wochen später die holprige Fahrspur zurückfuhren, sahen wir am Straßenrand einen Hund stehen. Es schien ein English Pointer zu sein. Wir konnten uns nicht erklären, weshalb er dort stand. Megan wollte anhalten, aber obwohl der Hund ruhig und freundlich aussah, zögerte ich. Einmal hatte ich angehalten, um einem verlorenen Hund zu helfen, und wurde von ihm angegriffen. Es blieb mir damals nur noch, in mein Auto zu springen und davonzufahren. Außerdem sah dieser Hund nicht verloren oder unglücklich aus, sondern stand einfach nur da.

Vielleicht war er mit einigen Spaziergängern unterwegs und wartete nur, dass sie ihn einholten. Aber am nächsten Tag stand er immer oder schon wieder da, ich weiß es nicht. Trotzdem wollte ich nicht anhalten. Ich glaube, ich war einfach dickköpfig. Ich hatte nicht zugelassen, dass Pete mir einen Hund besorgte, und ich würde auch diesen nicht nehmen. Der dritte Tag war dann selbst für mich zu viel. Ich ließ Megan anhalten, fürchtete mich aber immer noch, gebissen zu werden. Vorsichtig näherte sich Megan dem Tier und sprach es an. Der Hund wedelte mit dem Schwanz, ging zu meiner großen Überraschung um sie herum und starrte mich an. Ich saß noch im Auto.

„Er will zu dir“, meinte Megan.

„Auf gar keinen Fall“, erwiderte ich. „Sei nicht verrückt.“

Megan griff nach dem Hundehalsband. „Er trägt eine Hundemarke.“

Natürlich. Wer würde schon ein reinrassiges Tier ohne Hundemarke herumlaufen lassen?

„Gibt es eine Nummer?“, fragte ich und zog mein Handy heraus.

Keine Antwort. „Megan, ist da eine Nummer?“, wiederholte ich.

„Sieh dir das an“, meinte sie verblüfft.

Seufzend stieg ich schließlich aus dem Auto und ging hinüber. Megan hielt die Hundemarke hoch, damit ich sie lesen konnte. Der Hund schnaufte mich liebenswürdig an, als ich mich zu ihm hinunter beugte. Da war keine Nummer, keine Adresse, nur ein einziges Wort, PETE.

Ich blinzelte. Der Hund hieß Pete!

Ein Kribbeln rann mir von Kopf bis Fuß, und ich wusste, ich musste diesen Hund nehmen. Ich nahm ihn beim Halsband und führte ihn zum Auto. „Hinein!“, sagte ich. Er sprang in den Wagen, kletterte auf den Rücksitz, ließ sich nieder und blickte geradewegs aus der Windschutzscheibe, als wolle er sagen: „Nun, dann wollen wir mal. Lasst uns nach Hause fahren.“

Da ich annahm, irgendjemandem müsse dieser wertvolle Hund wohl doch gehören, rief ich überall in der Umgebung an, aber niemand vermisste ihn. Pete lebt heute noch bei mir, und inzwischen kann ich mir nicht vorstellen, jemals ohne ihn ausgekommen zu sein. Ich will damit nicht andeuten, er sei eine Reinkarnation meines Bruders, da der Hund offensichtlich vor dessen Tod geboren wurde. Ich sage gar nichts und schildere nur, was geschehen ist.

Hier handelt es sich zweifellos nicht um einen Zufall. Angesichts der Tatsache, dass Pete seine Schwester Christy lange Zeit zu überreden versuchte, einen Hund zu kaufen, und dass jener Hund von niemandem vermisst wurde und Petes Namen trug, mag darauf hindeuten, dass Pete (der Hund) von Pete (dem Bruder) geschickt wurde, um auf die Schwester achtzugeben.

Schmetterlinge werden häufig als Boten aus der geistigen Welt betrachtet. Die Geschichte von Graham Porter beweist einmal mehr ihre mystische Kraft.

Als Anna, meine Freundin, starb, war ich untröstlich, obwohl sie seit Monaten an einer unheilbaren Krankheit litt. Wir waren uns auf einem Festplatz begegnet. Ihr freier Geist und ihre Liebe für alles Lebendige nahmen mich sofort gefangen. Es war eine Tragödie, dass sie so jung gehen musste. Sie war erst achtundzwanzig Jahre alt. Wir hatten Pläne. Wir wollten heiraten und ein Haus mit Palisanderzaun, zwei Hunde, eine Katze und vier Kinder haben. Es fiel mir nicht leicht, diese Vision aufzugeben. Vier Jahre später traf ich Tracie, und mein Leben fand einen neuen Anfang. Innerhalb der nächsten zwei Jahre kauften wir unser erstes Haus und begannen, für die Zukunft zu planen. Es gab nur ein Problem. Ich hatte Tracie niemals von Anna erzählt. Ich glaubte, sie könnte ärgerlich werden, weil ich einmal eine andere Frau geliebt hatte und heiraten wollte. Ich befürchtete, Tracie könnte sich als die Zweitbeste fühlen, was natürlich nicht zutraf.

Schließlich plagte mich mein Gewissen, und ich beschloss, mit Tracie darüber zu sprechen. An einem windstillen Juni-Tag saßen wir draußen auf der kleinen Veranda vor dem Haus. Es war sehr ruhig, niemand störte uns. Der richtige Zeitpunkt schien gekommen zu sein. Wie erwartet, nahm Tracie die Sache nicht besonders gut auf und begann, mir alle möglichen Fragen zu stellen. Wen ich mehr liebte, ob ich mich noch nach Anna sehnte und ob ich sie gewählt hätte, wäre diese noch am Leben. Ich versuchte, die richtigen Antworten zu finden, ehrlich zu sein und nichts Falsches zu sagen, was dann doch unabsichtlich geschah. Tracie begann zu weinen. Ich fühlte mich hilflos, und sie lehnte sich schluchzend an mich. Sie war mir nicht böse, was vielleicht besser gewesen wäre. Sie fühlte sich nur verletzt und verängstigt, als hätte ich ihr das Gefühl der Sicherheit genommen.

Plötzlich begann sich vom Himmel eine flatternde Wolke herabzusenken. Zuerst begriff ich nicht, um was es sich handelte, bis ich eine dicht zusammengedrängte Gruppe von strahlend blauen Schmetterlingen erkannte, die auf Tracie und mir landeten. Ich bewegte mich nicht, aus Angst, sie könnten davonfliegen, aber sie machten keine Anstalten, saßen nur da und öffneten und schlossen ihre Flügel. Die meisten hatten sich auf Tracie niedergelassen. Sanft drehte ich ihren Kopf, damit sie sehen konnte. Überrascht setzte sie sich auf. Wir waren wie gebannt und begannen, sie zu zählen. Es waren achtundzwanzig. Als Anna starb, zählte sie achtundzwanzig Jahre.

Für mich waren diese Schmetterlinge ein Omen, ein Zeichen, dass Tracie und ich hervorragend zueinander passten und sie sich nicht länger sorgen sollte. Ich hatte Anna geliebt, aber nun liebte ich Tracie. Die Schmetterlinge blieben etwa zehn Minuten lang bei uns, um sich dann wieder zum Himmel zu erheben und schließlich zu entschwinden. Mir kam ein Gedanke. Irgendwo hatte ich einmal etwas gelesen und Anna damals darauf hingewiesen. Ich ging ins Haus, schaute ins Internet und rief Tracie. Auf dem Bildschirm waren einige strahlend blaue Schmetterlinge zu sehen, die gleichen wie im Garten. Und ihr Name?...Anna Blue.

Schmetterlinge sind faszinierende Wesen. Sie verwandeln sich aus einer grellen, oft verschmähten Raupe in wunderschöne Flügelwesen, ein Symbol für den Tod des vergänglichen Körpers und des Fortlebens der transformierten, ewigen Seele.

Überraschenderweise gibt es zahlreiche Berichte über Krähen, die keine besonders schönen Vögel sind und in manchen Kreisen als Plage betrachtet werden. Wie wenig wir doch den Tiergeist begreifen. Die folgende Geschichte erhielt ich von dem Heiler Ron Topman aus Somerset.

Vor einigen Jahren behandelten der Heiler Bill Harrison und ich einen Mann namens Bob, der an einem Hirntumor litt. Bob besuchte Bill an einem Montag und kam dann mehrmals in der Woche zu mir nach Hause zur Reiki-Behandlung. Wir wurden Freunde. Seine Frau brachte ihn und fuhr weiter zur Arbeit. Bob und ich unterhielten uns stundenlang.

Sein Zustand verschlechterte sich, und er musste ins Krankenhaus eingeliefert werden, wo ich ihn besuchte. Während unserer Unterhaltungen sprachen wir unter anderem über unsere Ängste. Ich erzählte ihm von meiner Furcht vor Vögeln, insbesondere den großen schwarzen Tieren.

Einige Tage später weckte mich morgens um vier Uhr ein lautes Knallen, das aus dem Wohnzimmer drang. Ich stand auf, um nachzusehen. Eine riesige schwarze Krähe hämmerte von außen gegen die Scheibe. Ich konnte es nicht fassen und versuchte, sie zu verscheuchen, aber sie kam immer wieder. Später erfuhr ich, dass Bob zu dem Zeitpunkt gestorben war, als die Krähe meine Scheibe attackierte.

Am nächsten Morgen erwachte ich um vier Uhr durch dasselbe Geräusch. Ich beschloss, ein Plastiktuch über das Fenster zu hängen, damit die Krähe nicht ihr Spiegelbild darin sah und aufhörte, das Glas zu bearbeiten. Es erwies sich als zwecklos. Die Krähe attackierte das Plastiktuch ebenso heftig wie das Fenster. Tagsüber saß sie auf dem Telegraphenmast und beobachtete jede meiner Bewegungen, um am nächsten Morgen erneut gegen das Fenster zu hämmern. Am Tag der Beerdigung war sie verschwunden, kehrte aber an Bobs erstem Todestag zurück und begann erneut. Dieses

Mal ging ich hinaus und sagte: „Ich weiß, dass du hier bist. Bitte verschwinde und höre auf, mein Fenster zu attackieren." Von diesem Tag an kehrte die Krähe niemals mehr zurück.

Es wirkt beruhigend, dass die geistige Welt Sinn für Humor besitzt. Offensicht fand Bob Gefallen daran, sich mit seinem Freund in Gestalt einer Krähe in Verbindung zu setzen und ihn gleichzeitig zu necken, da er ausgerechnet diese Vögel fürchtete.

Sue Smith wirkte als Tierheilerin und Tierkommunikatorin. Ich durfte mich mehrmals mit ihr unterhalten. Sie erachtete die Botschaften als so wichtig, dass sie sich trotz ihrer Krankheit zum Studio schleppte. Sue hatte unter anderem eine besondere Beziehung zu Krähen und ihrer Kollektivseele und vermochte erstaunliche Botschaften und Informationen aus dem Tierreich zu überbringen. Sie rettete grundsätzlich jedes Tier und wies keins ab. Auf die Rettung und Wiederherstellung von Angehörigen der Krähenfamilie hatte sie sich spezialisiert.

Vor einigen Jahren starb sie und hinterließ eine empfindliche Lücke. In ihren letzten Tagen suchten Krähen sie in ihrem Schlafzimmer auf, wenn das Fenster offen stand. Sue wurde in ihrem Garten, ihrem Allerheiligsten, beerdigt. Ehe sie starb, schrieb sie ihren eigenen Nachruf, in dem sie zum Schluss versprach, mit ihren Freunden und Kollegen in Verbindung zu bleiben. Als Zeichen würden Eulen am Tag und Krähen in der Nacht rufen. Bei diesen Worten zog eine riesige Krähenschar im Tiefflug vorüber. Jeder der Anwesenden war überzeugt, dass Sue ihnen über ihre Krähenfreunde versicherte: *Ich bin noch hier.*

Rosemarie Davie schickte mir folgende Geschichte über Sue und ihre Krähen.

Wir wählten Digby aus dem Tierheim. Er war der Einzige aus dem Wurf getigerter Katzenjungen, der eine weiße Unterseite besaß, was unserer Meinung nach in der Dunkelheit auf der Straße hilfreich sein konnte. Der arme Digby. Er hatte vieles durchzustehen. Mein Mann Gwynne und ich sind Heiler, und es kommen häufig bedürftige Tiere zu uns.

Digby litt während ihres Lebens unter hochgradiger Osteoporose, einem gebrochenen Becken und allergisch bedingten Nasenpolypen. Er ertrug alles mit ungeheurer Tapferkeit und innerer Kraft. Aber dann trat trotz unserer Fürsorge ein Problem auf, dass selbst unser tapferer Kerl mit seinem Löwenherz nicht zu bewältigen vermochte.

Bei Katzen, die irgendwann in ihrem Leben einen Beckenbruch erlitten haben, scheint schließlich eine Darmlähmung einzutreten. Dies war bei Digby der Fall. Obwohl wir in der Lage waren, ihm zunächst zu helfen, landete er schließlich beim Tierarzt zur Infusion. Ich wollte ihn eigentlich nicht verlieren. Unsere Freundin Sue weilte bereits nicht mehr unter uns. Als ich an jenem Tag aus der Hintertür trat, stand eine große schwarze Krähe auf der Stufe und blickte mich mit zur Seite geneigtem Kopf feierlich an. Sie ängstigte sich nicht vor mir. Ich schaute ihr unverwandt in die Augen und wusste, Sue wollte mir durch den Vogel übermitteln, dass Digbys Zeit abgelaufen war. Daher überraschte es mich nicht, als der Tierarzt anrief und mir mitteilte, er könne nichts mehr für ihn tun. Dass Sue über die Krähe Verbindung zu mir aufgenommen hatte, erleichterte es mir, Digbys Tod zu akzeptieren.

Wir begruben ihn im Garten an seinem Lieblingsplatz. Als wir ihn mit Erde bedeckten, flogen vier Krähen dicht über unseren Köpfen vorüber, was uns bestätigte, dass Sue unseren Digby in der Geistigen Welt erwartete.

Es war durchaus ein Privileg, unser Leben mit einem so schönen, empfindsamen Wesen wie Digby zu teilen. Auf seinem Grab befindet sich ein Steinkreis mit einem Engelbild in der Mitte. Auf dem Schild steht zu lesen: „Digby Davis. Juni 1999 - Mai 2008. LÖWENHERZ“ – denn das war er.

Überraschenderweise spielen Vögel eine wesentliche Rolle bei Botschaften aus der Geistigen Welt. Vielleicht liegt es daran, dass der Aspekt des Fliegens eine magische Wirkung auf uns ausübt und uns Gottes Engelboten ein wenig näher fühlen lässt.

6

Die telepathische Verbindung zwischen Mensch und Tier

Kurz nach meinem Schulabschluss arbeitete ich eine Weile in einem Hundeheim. Einige Hunde bellten unablässig. Man konnte es ihnen nicht verdenken, jeglicher Freiheit beraubt und von der Meute getrennt, mitten unter fremden Hunden in einem Zwinger ihr Dasein zu verbringen. Sie wussten nicht, ob ihr Besitzer sie jemals wieder abholen würde. Bald bemerkte ich, dass sich ihre Niedergeschlagenheit an dem Tag, an dem sie geholt werden sollten, verlor und sie umherzuspringen begannen. Die aggressiven Hunde wurden nachdenklich und zeigten sich ein wenig beschämt, als fürchteten sie die Schelte ihres Besitzers, weil sie sich schlecht benommen hatten. Die bellenden Tiere beruhigten und setzten sich mit aufgestellten Ohren erwartungsvoll nieder. Interessanterweise änderte sich die Verhaltensweise aller Hunde, nicht nur eines Einzelnen.

Die folgende Geschichte stammt von Lisa Avery.

Mein Mann und ich wollten uns Kate als Zuchtstute für unsere Pferdezucht ansehen. Wir hatten ihren Stammbaum und ihre Leistungen überprüft und wussten, dass sie genau in unser Programm passte. Wir verliebten uns sofort in sie. Es war eine Quarter Horse Stute mit einem großen weißen Stern, prachtvollen riesigen braunen Augen, starken Knochen und Muskeln. Kate war achtzehn

Jahre alt und seit etwa einem Jahr ohne Fohlen, weshalb wir annahmen, sie brauche noch eine Weile. Im April begannen wir mit der Deckung. Als wir ihr im Mai zum gegebenen Zeitpunkt erneut den Hengst brachten, lehnte sie ihn ab. Der Ultraschall bestätigte unsere Vermutung. Die erste Deckung hatte bereits gegriffen. Der Ultraschall wurde mehrmals wiederholt, um sicherzugehen, dass alles in Ordnung war, und der Tierarzt nahm sogar eine Geschlechtsbestimmung des Fötus vor.

Im darauffolgenden März gebar Kate Zwillings-Stutenfohlen, die nicht überlebten. Es war für uns alle schmerzlich. Wir hatten früher bereits Fohlen verloren und wussten daher, dass man die Stute nach kurzer Ruhepause am besten gleich wieder deckt. Dies geschah im späten Frühjahr. Kate wurde trächtig, bis sie im Herbst ihr Fohlen erneut verlor. Im nächsten Jahr versuchten wir es wieder. Sie war gesund und empfing leicht, wie die beiden vorangegangenen Male. Aber im Herbst verlor sie ihr Fohlen.

Daraufhin riefen wir unsere Freundin Val Heart an, die als Lehrerin, Tierkommunikatorin und Heilerin arbeitet, um mit ihr über Kate zu sprechen. Ich erzählte ihr, dass die Stute trotz allem gesund und glücklich zu sein schien. „Wir stimmten uns ein", um gemeinsam mit ihr zu reden, und fanden heraus, dass sie den Zwillingen nachtrauerte. Ich empfand mit ihr, denn ein Pferd zu verlieren, bedeutet für uns, ein Familienmitglied zu verlieren. Wir trauerten gemeinsam. Val und ich unterhielten uns über eine Möglichkeit, den Trennungsschmerz zu heilen.

Am folgenden Tag führten mein Mann und ich Kate an einen besonders ruhigen Weideplatz mit hohen Pinienbäumen und hielten eine Zeremonie ab, um ihr zu helfen, ihre Zwillinge loszulassen. Liebevoll erklärten wir ihr, dass dies das Beste für die beiden sei, da sie bereit waren und wir ihr dabei helfen wollten. Dann massierten wir sanft ihren Bauch und strichen in schwungvollen Bewegungen (vergleichbar mit den Bewegungen des Gebärens) vom Bauch über die Flanken zum Schwanz, während wir von der Geburt der Zwillinge sprachen. Ich konnte sie sogar zu ihren Füßen spielen sehen, bevor sie in den Himmel sprangen. Auch Kate konnte sie sehen. Sie blickte uns an, atmete tief durch und begann, friedlich zu grasen.

Überraschenderweise vermochten wir die Fohlen tatsächlich zu *sehen* und beobachteten, wie sich Kates Bauch physisch/energetisch veränderte. Man konnte Kate die körperliche und geistige Erleichterung anmerken. Sie war glücklich und ihr Herz voller Liebe.

Im darauffolgenden Frühjahr gebar uns Kate ein wundervolles Stutenfohlen. Sie ist wieder trächtig und lebt mit den anderen Zuchtstuten glücklich auf unserer Weide. Wir danken Val, Kate und den Engeln, die uns beistanden.

Diese bewegende Geschichte vermochte ich gut nachzuempfinden und sah deutlich die arme Stute in ihrer Trauer um ihre verlorenen Fohlen, die sie schließlich losließ, vor mir.

Der Bericht von Mimi Lawrence über ihre Schildkröte zeigt, dass nicht nur in einem kuscheligen, knuddeligen Tier eine Seele wohnt.

Es hat viele Tiere in meinem Leben gegeben, aber am engsten fühlte ich mich zu meiner Schildkröte hingezogen, was mich erstaunte. Meine Hunde und Katzen liebte ich zwar sehr, aber es bestand nur eine oberflächliche Beziehung zu ihnen. Mit meinem heutigen Wissen werde ich bei meinem nächsten Haustier wahrscheinlich vorsichtiger sein. Meine Schildkröte, Joey, lehrte mich eine andere Art der Verbindung zu Tieren. Ich sprach mit diesem kleinen Reptil wie mit einer Person und erzählte ihm von meinen Problemen. Seine Langsamkeit wirkte irgendwie beruhigend auf mich.

Wenn ich Joey füttern wollte, erwartete er mich bereits an der Futterstelle, obwohl man Schildkröten nicht gerade Geschwindigkeit nachsagen kann. Mein Mann, dem ich davon erzählte, lachte und meinte, Joey höre mich entweder kommen oder er spüre, dass es an der Zeit sei, da ich ihn immer zur selben Stunde fütterte. Ich wusste, dass er mich nicht hörte und mir auch nicht hätte zuvorkommen können, wenn er sich am anderen Ende des Gartens aufhielt. Mein Mann lag falsch, was ich mit einer Reihe von Experimenten zu beweisen suchte. Gleichgültig, zu welcher Tagesstunde ich Joey fütterte, er hatte sich bereits stets eingefunden, nicht aber, wenn mein Mann ihm das Futter brachte. Die Verbindung schien nur zu mir zu bestehen, und ich konnte mich des Gefühls nicht erwehren, dass er meine Gedanken zu lesen verstand.

Schildkröten leben sehr lange, weshalb sie spirituell gesehen wohl weit fortgeschritten sind. Sie erleben viel in ihrem Erdendasein. Mimis Beschreibung zufolge gleicht Joey einem alt-ehrwürdigen kleinen Buddha, der tiefe Ruhe ausstrahlt und niemals in Eile ist.

James Ford berichtete von folgendem interessanten Fall.

Meine Hündin Moxy ist ein kleines, lustig aussehendes Ding. Sie erinnert an einen Fuchs, allerdings mit geflecktem Fell. Ehrlich gesagt, sie ist ein bisschen verwahrlost, aber süß. Meine Mutter erzählte, dass Moxy wohl spürte, wenn ich nach der Schule den Heimweg antrat, denn sie pflegte zum Fenster zu springen und zu winseln. Ich hatte geglaubt, dies deute auf ihre telepathische Veranlagung hin, bis mir jemand erzählte, sie höre nur mein Fahrrad um die Ecke biegen, was mich ein wenig enttäuschte.

Mit achtzehn Jahren ging ich fort zur Universität und verließ Moxy und meine Mutter zum ersten Mal. Mutter behauptete, es setze ihr mehr zu als Moxy. Ich vermisste sie beide, aber obwohl ich nur fünfzig Meilen von zu Hause entfernt lebte, gelang es mir wegen der hohen Benzinkosten nur selten, die beiden zu besuchen. Mutter machte sich große Sorgen und fragte sich, ob ich auf mich achtgab, wo ich mich aufhielt und ob es mir gut ging.

Wie sie mir berichtete, musste Moxy mich zunächst sehr vermisst haben, unruhig umhergelaufen und das Fenster hoch und runter gesprungen sein, wenn es an der Zeit war, dass ich aus der Schule zurückkehrte. Selbst nachts konnte sie nicht wirklich zur Ruhe kommen. Eines Nachmittags, nachdem sie sehr lange still dagesessen hatte, änderte sich Moxys Verhalten. Sie reagierte zwar noch jeden Nachmittag oder Abend, als käme ich nach Hause, ließ sich dann aber friedlich nieder und seufzte zufrieden. Zunächst nahm Mutter an, Moxy sei nur irritiert und habe jemanden die Straße herunterkommen gehört und geglaubt, ich sei es, bis wir allmählich verstanden.

Wir stellten fest, dass Moxy ihr neues Verhalten zur selben Zeit an den Tag legte, in der ich Mutter am Telefon berichten konnte, dass ich daheim war. Wir beschlossen, der Sache genauer auf den Grund zu gehen und sie auf die Probe zu stellen. Und tatsächlich, wenn ich das Telefon einige Male klingeln ließ, um Mutter zu signalisieren, dass ich zu Hause war, hatte sich Moxy bereits beruhigt und zufrieden niedergelassen.

Sie war glücklich, wenn sie mich sicher daheim wusste, selbst wenn es sich um ein fremdes Haus handelte, und gab Mutter auf diese Weise zu verstehen, dass sie sich nicht sorgen musste. Die Zeiten stimmten genau überein. Irgendwo über Nacht bleiben zu wollen, wurde allerdings zum Problem!

Es gibt zahlreiche Fälle, in denen ein Haustier genau zu wissen scheint, wenn sich sein Besitzer auf dem Heimweg befindet, was oft mit der Behauptung widerlegt wird, das Tier besitze ein so feines Gehör, dass es das Auto seines Herrn schon meilenweit entfernt höre und erkenne. In jenem Fall trifft dieser Einwand allerdings nicht zu.

Judy Wallis erzählt von der telepathischen Verbindung zwischen ihrer Mutter und ihrem Kater. Wahrscheinlich hätte sie sich manchmal gewünscht, er nähme es nicht so genau.

Im Alter von fünf Jahren schenkte man mir mein Katzenjunges. Moyles wuchs zu einem stattlichen, sehr sanften Kater heran. Zum Teil Perserkatze, machte er mit seinem ingwerfarbigen und weißen, sehr flauschigen Fell eine gute Figur. Ich schleifte den armen Kater überall mit hin, zog ihm Puppenkleider an und fuhr ihn im Puppenwagen spazieren. Zum Glück war er ein wenig träge, weshalb er kaum Einspruch erhob. Aber ich glaube, er verübelte mir die Art und Weise, in der ich seinen Jagdinstinkt unterdrückte. Es gelang ihm niemals, Vögel oder Mäuse aufzuspüren, da ich ihm keine Gelegenheit dazu bot. Ich nahm ihn sogar mit ins Bett und umschlang ihn wie einen Teddybären. Wenn ich so darüber nachdenke, behandelte ich ihn fast wie ein Spielzeug, was ein wenig unfair war.

Seit ich ausgehe, gibt Moyles es mir zurück. Er überprüft meine Freunde, die ich mit nach Hause bringe. Mutter meint, er könne vielleicht Auren sehen oder so etwas oder wüsste einfach, was *sie* denke. Letzteres erscheint mir wahrscheinlicher. Jedes Mal, wenn ich einen Jungen mitbringe, dessen Äußeres ihr nicht gefällt oder der zu alt für mich sein mag, wird er von Moyles nicht geduldet. Er versteckt sich hinter Stühlen, ein schwieriges Unterfangen für ein so großes buschiges Tier, springt hervor, wenn er vorbeigeht, streift um seine Beine und beißt und kratzt oft. Dieser ansonsten so sanfte Kater gebärdet sich geradezu verrückt. Natürlich entschwinden die Jungen, und auf Mutters Gesicht erscheint dieses selbstgefällige Lächeln. Vielleicht werde ich eines Tages jemanden nach Hause bringen, auf dessen Schoß sich Moyles zusammenrollt. Dann werde ich vielleicht wissen, wer einmal mein Mann sein wird, und Mutter wird es natürlich auch wissen.

Ich denke, eine solche Katze kann durchaus von Vorteil sein und im privaten wie im geschäftlichen Bereich ihren Einsatz finden.

Jackie Knowles berichtet, wie die Fähigkeit ihres Hundes, sich mit ihr im Traum in Verbindung zu setzen, ihn buchstäblich rettete. Es ist bekannt, dass Hunde träumen können und wir im Traum die Tagesereignisse durchgehen. Von einem Hund, der auf den Traum seines Besitzers einwirkt, hörte ich durch diesen Bericht zum ersten Mal.

Übersinnliche Fähigkeiten waren mir völlig fremd, im Gegenteil, ich stand ihnen skeptisch gegenüber. Horoskope interessierten mich nicht, und es kam mir niemals in den Sinn, dass Mensch und Hund gedanklich miteinander kommunizieren könnten. Das alles klang mir ein wenig unheimlich.

Die Sache begann, als ich mir 2001 einen Welpen zulegte. Es war ein wunderschöner Weimaraner mit lichtgrauem Fell. Ich hatte mich auf den ersten Blick in ihn verliebt. Pal, wie ich ihn nannte, war mein erster Hund. Ich war so stolz und entschlossen, alles richtig zu machen. Ich las stapelweise Bücher, um sicherzugehen, dass er das für ihn beste Futter, das beste Training, die geeignetsten Spielzeuge und das richtige Lager erhielt. Es sollte alles perfekt sein. Er war auch der vollkommenste Hund. In den Büchern hatte ich gelesen, dass sich das Training mit dieser Hunderasse schwierig gestalten kann, weshalb ich den besten Unterricht für ihn wählte. Wir wurden ein ausgezeichnetes Team. Da ich niemals zuvor einen Hund besessen hatte, war es mir entgangen, welch wunderbare Gefährten Hunde sein können. Pal wuchs heran, und unsere Beziehung wurde immer inniger. Wir unternahmen lange Spaziergänge, die auch mich fit hielten, und zogen über Exmoor und schließlich Dartmoor. Dort passierte es. Bei den Hochmooren handelt es sich um riesige, weitgehend wilde, offene Gebiete. Besonders in Dartmoor kann sich das Wetter rasch verändern.

Das einzige Problem zwischen mir und Pal bestand darin, dass er meinem Rufen nicht augenblicklich folgte. Es geschah aus lauter Übermut, was ihm aber zum Verhängnis werden sollte. Wir waren stundenlang durch Dartmoor gezogen und hatten uns im Windschatten eines Hügels zu einem Imbiss niedergelassen. Ich freute mich auf eine heiße Mahlzeit in unserer Unterkunft und war mir sicher, dass auch Pal von einem warmen Lager am Feuer träumte. Wir hatten uns warmgelaufen an jenem kalten, klaren Tag, und es trennten uns höchstens noch zwei Meilen von unserer sicheren, gemütlichen Bleibe, als es zu schneien begann. Zunächst bot sich uns ein wunderschöner Anblick, aber dann erhob sich ein Schneesturm. Ehe ich mich versah, konnte ich den Wanderweg nicht mehr erkennen und fühlte mich nur sicher, weil ich meinen getreuen Gefährten neben mir wusste, was Pal nicht erkannte. Er begann, den Schnee zu jagen und geriet immer weiter von mir weg. Farblich verschmolz er mit seinem Umfeld. Ich bemühte mich, ihn in meiner Nähe zu halten – und dann geschah es. Ein Kaninchen schoss direkt unter Pals Nase aus seinem Versteck hervor. Obwohl ich ihn zurückrief, jagte Pal ihm nach, bis beide im Schneegestöber verschwanden. Ich schrie mich heiser, aber Pal kam nicht. Das Schneetreiben wurde heftiger, und die schneidende Kälte ließ mir keine andere Wahl, als ohne meinen Pal zur Unterkunft zurückzukehren.

Ich schaffte es. Verzweifelt wollte ich den Rettungsdienst einschalten, aber bei der Dunkelheit war es hoffnungslos, Pal zu finden, und außerdem konnte er bereits meilenweit entfernt sein. Nach einer schlaflosen Nacht brach ich am nächsten Morgen auf. Es hatte aufgehört zu schneien. Ich versuchte, jene Stelle zu finden, an der ich Pal verloren hatte, aber durch den Schnee war jede Spur ausgelöscht worden. Ich blieb zwei Wochen in meiner Unterkunft und hielt jeden Tag Ausschau nach ihm, aber ohne Erfolg.

Ich verwünschte meine Freundin, die mir von einem Mikrochip abgeraten hatte, da er manche Hunde krank mache. Jeder riet, ich solle Pal aufgeben, da er niemals mehr den Rückweg finden könne. Widerwillig fuhr ich nach Hause, musste aber immerzu an ihn denken. Ich litt besonders unter der Ungewissheit, was mit ihm geschehen war, sowie unter meinen Selbstvorwürfen. Hätte ich ihn doch besser trainiert. Wären wir an jenem Tage doch nicht so weit gelaufen. Hätte ich doch nicht den Rat meiner Freundin befolgt, obwohl ein Mikrochip nur von Nutzen sein kann, wenn ein Tierarzt ihn findet. Ich bin immer schon ein Einzelgänger gewesen, und nun fühlte ich mich noch einsamer und fiel in einen depressiven Zustand. Kam ich abends von der Arbeit heim, erwartete ich Pal, auf der Treppenstufe sitzend, aber er war niemals dort.

Als ich jegliche Hoffnung aufgegeben hatte, träumte ich eines Nachts von ihm. Jaulend saß er aufrecht in einer gemütlichen Küche und schaute nicht sehr glücklich drein. Eine Frau erschien. Als Pal sich erhob, um sie zu begrüßen, sah ich den schweren Verband, vielleicht einen Gips, an seinem Bein. Erschrocken wachte ich auf. War es möglich, dass Pal im Traum zu mir kam? Ich verstand es nicht, wollte es aber mehr als alles andere in meinem Leben glauben. Ich beschloss, die umliegenden Tierärzte nochmals zu kontaktieren. Es waren viele, denn ich hatte keine Ahnung, wie weit Pal umhergezogen war. Niemand konnte mir Auskunft geben. Da versuchte ich einen völlig anderen Weg. Ich setzte mich still hin und klärte meine Gedanken. Es war nicht einfach, aber dann sah ich plötzlich das Zeichen „Tor Cottage“ vor mir.

Ich kam der Sache auf die Spur. Ich wusste es!

In Devon gibt es unendlich viele *Tor Cottages*. Wochenlang rief ich jedes Postamt in jedem Ort an, bis ich ihn schließlich fand. Eine wunderbare Frau namens Jean Nightingale hatte meinen armen Pal am Tag, nachdem ich ihn verloren hatte, gefunden. Er war im Schnee von einem Felsen gestürzt und hatte sich sein Bein gebrochen.

Ich danke Gott jeden Tag dafür, dass sie ihn fand, denn er wäre sonst gestorben. Jean war glücklich, dass ich die Tierarzt-Rechnungen bezahlte und auch, dass sie ihn mir wieder zurückgeben konnte, denn bei ihr war er nicht glücklich gewesen. Ich werde niemals wirklich wissen, was zwischen mir und Pal geschah, aber er schaut mich manchmal ein wenig merkwürdig an und blinzelt.

Diese Geschichte erinnert mich an eine Begebenheit mit meinem Kater Felix. Es war ein wunderschönes buschiges Tier mit lebhaften großen grünen Augen. Sein Miauen klang wie „Hallo“. Felix lebte bereits einige Jahre bei uns, als wir aufs Land zogen. Man hatte uns geraten, den Kater vorerst im Haus zu belassen, wenn wir ihn nicht für immer verlieren wollten. Während des Umzugs war er in einem Korb eingesperrt gewesen. Früher oder später mussten wir ihn daraus befreien.

Unserem damals siebenjährigen Sohn Phillip gaben wir die strikte Anweisung, darauf zu achten, dass Felix das Haus nicht verließ, aber ein Junge in seinem Alter musste die neue Umgebung natürlich sofort erkunden und vergaß es. Er öffnete die Tür, ohne sich zu vergewissern, wo der Kater steckte – und wusch, schon schoss Felix mit aufgestelltem Schwanz hinaus und rannte um sein Leben. Er lief durch den Garten auf die nächste Straße zu und verschwand. Phillip war geknickt, und wir bemühten uns, die Angelegenheit zu verharmlosen, aber Tony und ich glaubten, den Kater zum letzten Mal gesehen zu haben.

Zwischen dem neuen und dem alten Haus lagen etwa acht Kilometer offenes Feld und einige zu überquerende Straßen. Wir beschlossen, Felix ein paar Stunden zu geben, ehe wir zurückfahren wollten, um ihn zu suchen. Ich verweilte einige Minuten still auf unserer neuen Koppel und ließ meine Gedanken zu Felix wandern.

Er war seit einer Stunde unterwegs, und ich hätte mich am liebsten ins Auto gesetzt, um Ausschau nach ihm zu halten. Plötzlich sah ich innerlich, wie Felix den Feldrain entlang trippelte, vor sich die erste der Hauptstraßen. Ich versuchte, mich gedanklich auf ihn zu konzentrieren und sandte ihm Bilder von uns, einem schönen warmen Kaminplatz und seinem Futternapf. Ich sah Felix innehalten und bemühte mich, ihm all die Mäuse und Wühlmäuse vor Augen zu führen, die er im Gegensatz zu dem früheren Stadtgarten nun jagen konnte, wenn er zu unserem neuen Wohnsitz auf dem Land zurückkehrte. Ich versuchte, ihm die wunderbaren Abenteuer zu vermitteln, die ihn erwarteten, und sah ihn tatsächlich den Heimweg antreten. Überglücklich ging ich ins Haus und wartete.

Eine Stunde später kam Felix denselben Weg zurückgezockelt, auf dem er zwei Stunden zuvor Reißaus genommen hatte. Er streunte nie wieder umher.

Rachael Doonar aus Australien berichtet von einer alltäglichen Verständigung zwischen einem Hund und seiner Besitzerin.

Ich saß mit meinem kleinen Fox-Terrier Peanut da und fühlte mich recht schuldig, weil ich glaubte, nicht ausreichend mit ihr spazierenzugehen. Ich betrachtete sie und dachte: *Was möchtest du heute unternehmen, Peanut?* In diesem Moment sah ich innerlich einen Tennisball durch die Luft fliegen. Peanut wedelte mit dem Schwanz und schaute mich an. Ich musste laut lachen, da ich wusste, wie sehr sie es liebt, Bälle zurückzuholen. Sie wollte Fangen spielen.

Ein Haustier vermag uns allein durch seine Gegenwart in unserem Kummer zu trösten. In Wendy Storers Fall vermochte der Hund ihrer Eltern sogar noch mehr.

Weil niemand in unserer Familie ein frommer Kirchgänger war, arrangierten wir die Beerdigung meiner verstorbenen Mutter selbst. Da ich bei ihrem Tod nicht zugegen sein konnte, schrieb ich den Nachruf, in dem ich alles zum Ausdruck brachte, was ich sagen musste und wollte. Zum Schreiben zog ich mich vom Rest der Familie zurück. Nur Paddy, der geliebte Labrador meiner Eltern, kam mit mir ins Zimmer. Ich setzte mich nieder und brachte zwei oder drei Stunden lang alles zu Papier, was mich bewegte. Während des Schreibens weinte ich unaufhörlich, was mich erleichterte. Es überraschte mich nicht, dass Paddy derweil zu meinen Füßen hockte und ebenfalls weinte. Gewöhnlich jammerte und winselte er nicht, wohl aber an jenem Tag. Irgendwie muss er sich auf meine Gefühle eingestimmt haben. Ob er weinte, weil ich weinte oder wegen seines eigenen Verlustes oder weil er verstand, dass es um Mutter ging, lässt sich kaum sagen, aber seine Trauer kam von Herzen, und ich zweifele nicht daran, dass Paddy sich des emotionalen Schmerzes im Raum bewusst war.

Kurz danach ging ich mit meinen beiden jüngsten, damals zwei und drei Jahre alten Kindern und Paddy spazieren. Die beiden waren mit Paddy aufgewachsen und zeigten keine Angst vor Hunden, aber an jenem Tag rannte ein großer, recht angriffslustig aussehender Hund auf uns zu. Ich spürte die Furcht der Kinder sofort, doch ehe ich reagieren konnte, stellte sich Paddy knurrend zwischen sie und den Hund, bis dieser das Weite suchte. Ich bin überzeugt, dass er meine Kleinen und mich vor Gefahr bewahrte und bin stolz auf ihn und unendlich dankbar, denn ich fühlte mich emotional völlig ausgelaugt, und er dachte und handelte für mich.

Einige Monate später reiste Vater auf die Philippinen, um einen Freund dort zu besuchen. Paddy blieb bei mir. Er verhielt sich wie gewöhnlich, verspielt und glücklich, und schien Vater weder zu vermissen noch Heimweh zu haben. An dem Tag, an dem Vater zurückflog, veränderte sich seine Verhaltensweise plötzlich. Er saß an der Tür und begann zu jaulen, als erwarte er jemanden. Später stellte sich heraus, dass diese Veränderung genau mit dem Zeitpunkt zusammenfiel, in dem Vater in Manila den Rückflug antrat. Paddy spürte, dass sich sein bester Freund auf dem Heimweg befand.

Energie befindet sich in ständiger Bewegung. Der Zustand tiefer Trauer zieht sie nach unten und schwächt sie ab. Tiere spüren die Energie unserer Emotionen ebenso wie ein Mensch mit übernatürlicher Wahrnehmung. Selbst wenn man seine Gefühle zu verbergen weiß, Tiere fangen sie auf. Paddy wusste, dass Wendy sich sofort zwischen ihre Kinder und den beängstigenden Hund gestellt hätte, spürte aber auch ihre Energielosigkeit und erkannte, dass seine Hilfe gefordert war.

Der nächste Bericht handelt von der überlegten Verhaltensweise eines Hundes.

Unser täglicher Spaziergang zum Park führt meinen Hund, ein Labradoodle, und mich an einer alten Steinmauer vorbei. Abgesehen von einem bestimmten Teilstück, an dem sich diese nach vorne neigt, liebt Bodger es, zwischen mir und der Mauer zu laufen und an ihr entlang zu schnüffeln. Sobald wir jene Stelle erreichen, wechselt er auf meine andere Seite und läuft, trotz seiner ansonsten großen Abneigung vor dem Verkehr, möglichst nahe am Straßenrand. Haben wir die Neigung passiert, kehrt er zu der Mauer zurück und schnüffelt glücklich weiter. Auf dem Rückweg verhält er sich in der gleichen Weise. Diesen Mauerabschnitt scheint er offensichtlich aus irgendeinem Grund zu verabscheuen und meidet ihn nahezu zwanghaft. Wahrscheinlich spürt er eine gewisse Gefahr von dieser tragenden Wand ausgehen, hinter der ein beachtliches Gewicht lastet.

Die Hunde in diesen beiden Geschichten von Wendy besitzen eine solch enge Beziehung zu ihrem Besitzer, dass sie dessen Gedanken lesen können oder sich der ihnen selbst drohenden Gefahr bewusst sind. In beiden Fällen handelt es sich sicherlich nicht um die Reaktion eines gefühllosen Tieres.

Paddy empfindet entweder Trauer, was die Wissenschaft als Möglichkeit ausschaltet, oder er sympathisiert und fühlt mit Wendy. Er erkennt die Energieschwäche seiner ansonsten starken Begleiterin und wehrt die drohende Gefahr ab. Die dritte Begebenheit zeugt von seiner Fähigkeit, sich telepathisch mit seinem Besitzer in Verbindung zu setzen, obwohl sich dieser Tausende von Meilen von ihm entfernt aufhält.

Was Bodger und die Mauer betrifft, scheint seinem Verhalten eine gewisse, für einen Hund unübliche Überlegung zugrunde zu liegen: *Diese Wand neigt sich und könnte einstürzen, weshalb ich ihr nicht zu nahe kommen sollte.*

Meine Freundin Alice Jean aus Texas, die nubische Ziegen züchtet, berichtet von folgender Begebenheit.

Es ist mir unverständlich, wie jemand behaupten kann: „Ich bin eine Katzen-Person“ oder „Ich bin kein Hunde-Mensch“. In meinen Augen ist dies eine sinnlose Äußerung. Entweder man liebt Tiere oder man liebt sie nicht! Zugegebenermaßen habe auch ich bisweilen gesagt: „Mir liegt nichts an Vögeln“, was gewöhnlich nur dann geschah, wenn man mich zu einem im Käfig eingesperrten Vogel überreden wollte. In einem Käfig! Nein, ich möchte nichts Gefiedertes berühren. Im Freien herumfliegende Vögel sind wunderschön, und ich habe mit Vögeln interessante Dinge erlebt. Etwa sechzig Zentimeter vor meinem Gesicht schwirrte ein großer Kolibri und schaute mich lange an. Ich schien eine Nachricht über die *Spiritual Warriors* (Friedvolle Krieger) zu erhalten. War es ein Vogel, ein Engel, gab Gott mir einen Rat oder war es nur Einbildung? Ich kann es nicht sagen. Ein Kolibri aus dieser Nähe ist wunderschön anzuschauen.

Nach ziemlich unmittelbaren Begegnungen mit diesen Vögeln beginne ich, die Schönheit der Bussarde zu entdecken. Es liegt einige Jahre zurück. Meine Milchziegen grasten auf der Weide, und ich ließ mich mit einer Tasse Kaffee und einem Buch in einem Liegestuhl nieder. Es war ein strahlender Tag. Plötzlich sauste über mir ein Bussard im Tiefflug vorüber. Hinter mir erhob er sich in den Himmel und flog hinaus auf die Weide, kreiste über den Ziegen und kam zurück. Dieser Vorgang wiederholte sich einige Male. *Irgendetwas stimmt nicht mit diesem Vogel*, dachte ich. Jedes Mal, wenn er zurückkehrte, flog er etwas tiefer. Schließlich stand ich auf, um nach den Ziegen zu sehen und ob er sie vielleicht bedrohte. Sie schienen ihn nicht einmal bemerkt zu haben. Dann schoss mir der Gedanke durch den Kopf: *Schaue nach Isabel.* Als ich näher kam, sah ich, dass sie in den Wehen lag. Und das auf der Weide! Dafür gibt es ein eigenes Gehege. Wie konnte mich Isabel so zum Narren halten? Mit ein paar Küchenrollen ging ich hinaus. Wenn der Geburtsvorgang erst einmal begonnen hat, dauert es eine Weile. Ich blieb also bei Isabel, bis alle vier Zicklein geboren waren. Gefolgt von Isabel, trug ich schließlich jeweils zwei von ihnen in meinem weiten Hemd in den Stall. Es mag albern klingen, aber als wir zurückkehrten, winkte ich dem Bussard zu, und er flog davon.

Dies war noch nicht das Ende. Im folgenden Jahr ließ ich die Ziegen auf der vorderen Weide grasen und zog mich an diesem wunderschönen Tag mit Kaffee und Buch in den Liegestuhl zurück. Seit meine Tiere als nubische Ziegen registriert sind, habe ich Fälligkeitstermine. Wir wissen immer, welchen Bock wir mit welcher Ziege zusammenbrachten. Der jeweilige Fälligkeitstermin kann fünf Tage früher oder später als das eigentliche Datum liegen. An jenem Tag hatte ich die Ziege Noreen zurückbehalten, da sie fällig war. Das Gehege öffnet sich zu einem Hof, in den sie gehen und ihr Heu fressen konnte, damit sie sich nicht allzu eingesperrt fühlte. Ich hielt mich in ihrer Nähe auf und wartete. Plötzlich flog ein Bussard in den Hof und ließ sich nicht weit von mir auf einem Zweig nieder. „Nun, was willst du?“, fragte ich laut. Eigentlich wollte ich das hässliche Ding nicht in Noreens Nähe wissen. Da vernahm ich innerlich: *Du solltest dich um Isabel kümmern!*

Was? Ich musste um die Scheune herumgehen, um die Herde sehen zu können. Tatsächlich – Isabel bekam Junge. Wieder hatte sie mich zum Narren gehalten. Es war dieselbe Szene wie im Vorjahr. Mit Küchenrollen bewaffnet, ging ich hinaus, stand ihr bei und trug anschließend vier Zicklein zurück. Ein einziges Mal hatte Isabel Drillinge zur Welt gebracht, ansonsten Vierlinge. Ich lasse sie jetzt ausruhen und die Großmutter der Scheune sein. Sie hatte es verdient.

Als ich meinem Mann und meinem ältesten Sohn von den Vorfällen erzählte, erinnerte mich mein Mann an ein Ereignis vor vielen Jahren, das sich in unserem alten Haus abgespielt hatte.

Nach Einbruch der Dunkelheit kam ich mit meinen vier Söhnen nach Hause. Mein Mann war damals unterwegs. Als ich in die Einfahrt fuhr, konnten wir hinten in der Garage auf der Arbeitsbank einen riesigen Vogel sitzen sehen. Ich dachte: *Wir gehen ins Haus, und dann werde ich mich um ihn kümmern*, da ich nicht wollte, dass der Vogel meinen Kindern etwas zuleide tat, falls er sich gefangen fühlte. Er bewegte sich nicht von der Stelle und schien einen Flügel verletzt zu haben, denn er hing herunter. Ich brachte ihm eine Schale Hundefutter (Was soll man schon einem Bussard füttern?) und Wasser. Am nächsten Morgen waren beide Gefäße leer. Ich fütterte den Vogel mehrere Tage lang, bis er eines Morgens verschwunden war. Mein Sohn ist überzeugt, dass es sich um dieselbe Bussard-Familie handelt, die sich auf unserem Grundstück in dem verlassenen alten Haus jenseits unseres Hofes niedergelassen hat. Sie nistet auf dem Dachboden und zieht ihre

Jungen dort groß. Manchmal kann ich sie am Rande der Dachbodenöffnung hocken sehen. Wenn ich ihnen zuwinke, nicken sie mit dem Kopf. Ist das nicht wunderbar? Ich frage mich, ob es im Kollektivbewusstsein der Bussarde die Erinnerung an Hundefutter und Wasser gibt. Oder könnte es derselbe Bussard in einem anderen Körper sein?

Ein Freund erzählte mir heute eine unglaubliche Begebenheit am Telefon, die ich unbedingt in dieses Kapitel mit einschließen muss.

Walter war ein Hund mit unglaublichem Charisma und intelligentem Auftreten. Ein Blick in diese Augen genügte, um zu verstehen, dass Tiere Seelen besitzen, die in mancherlei Hinsicht spirituell weiter entwickelt sind als unsere. Er war ein großartiger champagnerfarbiger Hund, halb Wolf, halb Husky. Wenn er in meiner Fernsehshow auftrat, wurde er als „Walter, der Beinahe-Mensch, der Taoist-Hund“ angekündigt. Trotz seiner offensichtlich starken physischen Kraft war Walter sehr sanft und verschmust und hielt seine Stärke in Schach, es sei denn, er musste sich verteidigen.

Walter ließ die Zuschauer an seiner Hundeweisheit teilhaben und stellte einen wichtigen Teil meines Lebens dar. Er trug niemals eine Leine. Sie war überflüssig. Mit der Selbstsicherheit eines Königs drehte er die Runde durch sein „Revier“ in West Hampton.

Ein einziges Mal ging er „verloren“. Ich hielt mich damals in Spanien auf. Wahrscheinlich ärgerte sich der in England zurückgelassene Walter über meine Abwesenheit und wollte mir eine Lektion erteilen, indem er umherstreunte. Meiner armen Assistentin, die damals die Verantwortung für ihn trug, war es äußerst peinlich, mir von dem Verlust berichten zu müssen. Sie rief mich dann aber nach vierundzwanzig Stunden von der nahegelegenen

Polizeistation an, bei der sie Walter als vermisst gemeldet hatte. Ich war völlig durcheinander, versuchte aber eine Verbindung zu ihm herzustellen, um herauszufinden, wo er sich aufhielt. Ich versetzte mich in einen meditativen Zustand und rief ein Bild meines Hundes herbei, indem ich ihn fragte: „Wo bist du? Komm, zeige dich und lasse uns wissen, wo du bist." Das Gesicht vor meinen inneren Augen lächelte, wie nur ein Hund zu lächeln vermag. Zehn Minuten später läutete das Telefon. Es war meine Assistentin. Vor lauter Sprachlosigkeit vermochte sie kaum zu reden. Sie saß in der Polizeistation, als Walter ganz lässig hereinspazierte. Er war völlig verschmutzt. In seinem Fell klebte Kaugummi und anderes undefinierbares klebriges Zeug. Er hatte sich herumgetrieben, aber abgesehen von einem unbedingt notwendigen Bad ging es ihm gut.

Man fragt sich, wie er sie fand. Wie konnte es sein, dass er genau in jenem Moment auf der Polizeistation zur Tür hereinspazierte? Meiner Meinung nach „sah" er den Ort, indem er meine Gedanken las und beschloss, dass es wohl an der Zeit war, sich zu ergeben.

7
Hellsichtige Haustiere

FRAGE DIE TIERE, UND SIE WERDEN DICH
DIE SCHÖNHEIT DIESER ERDE LEHREN.
FRANZ VON ASSISI

Einer unserer Hunde sah Geister oder das, was wir dafür hielten. Er saß da und starrte auf etwas, das wir nicht sehen konnten. Seine Augen verfolgten dieses Etwas durch den Raum. Es schien ihn nicht zu erschrecken. Ich sah nichts, aber Tony nahm manchmal Pfeifenrauch wahr, obwohl niemand im Hause rauchte.

Von Janice Seymour stammt die folgende Geschichte von ihrem Hund und ihrer Katze, die beweist, dass Katzen und Hunde nicht nur mit Geistern in Verbindung treten, sondern auch auf der Seelenebene miteinander kommunizieren.

Mein Hund Regis und meine Katze Portia waren unzertrennlich. Sie kamen als kleine Wollknäuel zu uns und unternahmen alles gemeinsam. Sie schliefen miteinander und gingen gemeinsam auf Erkundungsgang. Bisweilen konnte man nicht sagen, wer der Hund und wer die Katze war. Regis spielte wie eine Katze und Portia schnüffelte herum wie ein Hund. Daher erschien es mir nicht verwunderlich, dass sie beide Geister sahen.

Es begann an einem Abend des Jahres 2004. Wir waren gerade in ein altes Haus mit historischem Hintergrund gezogen, und da mein Mann Jake und ich uns beide für Geister und dergleichen interessierten, hofften wir in gewisser Weise, dass es in unserem neuen Heim ein oder zwei Geister gab. Regis und Portia zeigten sich wenig interessiert. An einem fast unerträglich heißen Abend standen alle Türen und Fenster offen. Die Luft war schwer, und es wehte kein Lüftchen.

Plötzlich fühlte ich einen eisig kalten Luftzug um meine Knöchel streifen, was mich verwunderte, denn die Vorhänge bewegten sich nicht. Im selben Moment sprangen Regis, der auf dem Teppich fest schlief, und Portia, die neben ihm lag, auf und wirbelten herum mit Blick auf die Treppe. Jake und ich schauten in dieselbe Richtung, aber natürlich sahen wir nichts. Regis knurrte und Portia fauchte. Beiden sträubte sich das Fell. Dies wiederholte sich mehrmals, bis die beiden begannen, das Etwas, was immer es auch war, nur noch anzustarren und mit den Augen zu verfolgen. Jake und ich nahmen niemals etwas wahr.

Jahre später wurde Regis ein wenig klapprig und bewegte sich nicht mehr so gut. Er tollte zwar nach wie vor mit Portia herum und die beiden kuschelten sich am Abend aneinander, aber er wurde alt. Fünfzehn Jahre sind für einen Hund ein gutes Alter. Portia hingegen hatte ihre Lebhaftigkeit kaum eingebüßt, aber Katzen leben gewöhnlich länger als Hunde. Sie kümmerte sich liebevoll um ihn, wartete, wenn er zurückblieb, und als er schlecht sah, führte sie ihn umher. Sie beklagte sich nicht einmal, wenn er aus Versehen ihr Futter fraß.

Jake und ich überlegten, wie wir uns verhalten sollten, wenn Regis eines Tages von uns ging. Wie würde Portia damit fertig werden? Schließlich kam der Tag. Regis starb im Schlaf. Wir ließen ihn liegen, damit Portia vielleicht begriff, dass er nicht mehr lebte. Wir wollten ihn ihr nicht einfach entreißen. Sie zeigte sich völlig uninteressiert an seinem Körper, was mich überraschte. Ich dachte, sie würde ihn mit der Pfote anstoßen, damit er aufstehe.

Aber nein, stattdessen spazierte sie in den Garten, als wäre Regis bei ihr.

Am Abend zeigte sie sich nicht besonders glücklich. Sie schien nicht zu wissen, wie und wo sie schlafen sollte, denn wir mussten Regis Körper entfernen. Jake und ich bemühten uns, sie zu trösten, aber sie wollte nicht. Um neun Uhr abends sprang sie unvermittelt auf und begann, in Richtung Treppe starrend, zu miauen. Es erinnerte uns an jenes erste Mal, als die beiden unseren „Geist" sahen.

Ihr Miauen wurde immer aufgeregter. Mit einem Satz sprang sie die Treppe hinauf, als jage sie irgendetwas. Jake und ich folgten ihr. Sie war zu schnell für uns, und wir sahen nur noch ihren Schwanz um den oberen Treppenabsatz sausen. Als wir oben ankamen, war sie im Schlafzimmer verschwunden. Wir gingen hinein. Es verschlug uns den Atem. Portia lag steif auf dem Bett. Sie muss in Sekundenschnelle gestorben sein, während wir die Treppe hinauf hasteten. Dann wurde uns klar, was geschehen war. Regis hatte sie geholt!

Tiere können uns Menschen eine wertvolle Lektion erteilen, nämlich mit anderen, die ein wenig „andersartig" sind, gut auszukommen. Auf der Seelenebene besteht kein Unterschied zwischen uns. Die Welt könnte ein besserer Ort sein, wenn alle Menschen sich ein wenig mehr wie Regis und Portia verhielten.

Jessie Cambridge berichtet von einem Geister sehenden Hund. Sie hatte eine ungewöhnliche Art nachzuvollziehen, was er sah.

Mein Hund Barney kam als Welpe zu uns. Er war eine Kreuzung zwischen einem Springer Spaniel und einem Labrador, schwarz, mit durchdringenden braunen Augen. Diese wunderschönen goldbraunen Augen mit ihren bernsteinfarbenen Lichtern hoben sich auffallend von seinem pechschwarzen Fell ab. Er zeigte sich immer sehr „wissend", was er durch Zuneigung oder Abneigung zum Ausdruck brachte. Manchmal fragte ich mich, ob er die Aura der Leute sehen konnte, womit ich letztendlich wohl nicht ganz falsch lag. Die Familie hatte sich daran gewöhnt, dass er schwanzwedelnd irgendein unsichtbares „Etwas" beobachtete, das sich im Zimmer bewegte und schließlich durch die Decke entschwand. Barney stand wie angewurzelt da und starrte ihm nach. Wenige Sekunden später drehte er sich und ging fort. Für ihn war die Sache erledigt.

Manchmal hob er sich auf die Hinterbeine und schien irgendetwas in der Luft „fangen" zu wollen. Irgendjemand aus der Familie pflegte dann zu bemerken: „Barney fängt wieder Geister." Bald trug er den Spitznamen „Geister fangender Barney" oder wir riefen – wie bei „Ghostbuster" – alle zugleich: „Wen werdet ihr rufen? Unseren Barney!"

Eines Tages las ich einen Artikel über „Geister-Photographien". Sollten irgendwelche Geister herumschwirren, selbst wenn man sie nicht sehen kann, müsste es doch möglich sein, sie als Kreise mit der Digitalkamera einzufangen. Ich zweifelte zwar an einem Gelingen, traf aber dennoch meine Vorkehrungen. Natürlich jagte Barney in den nächsten Wochen keine Geister und wenn, dann war ich nicht schnell genug. Ich beobachtete ihn genau und lernte die Vorzeichen einer bevorstehenden Jagd. Barney stand da und wedelte aus unersichtlichem Grund mit dem Schwanz, als spüre er, dass etwas im Anmarsch war.

Schließlich gelangen mir einige Schnappschüsse. Zu unserer großen Überraschung zeigten sich von Anfang an solche Kreise auf den Fotos. Manchmal war er sogar von ihnen umringt.

Es kann sich dabei natürlich auch um Kopf- und Haarschuppen des Hundes gehandelt haben, vor allem, wenn er während der Aufnahmen herumtanzte. Andererseits neige ich dazu, jene Kreise aufgrund seines ungewöhnlichen Verhaltens als tatsächliche Phänomene zu betrachten.

Bei der nächsten Geschichte, der gespenstigsten, die ich jemals las, bekam ich Gänsehaut. Ich erhielt sie von Sue McNeill.

Ich gehörte zu den glücklichen Menschen, die seit frühester Jugend ein eigenes Pony besaßen. Bücher wie *Black Beauty* begeisterten mich, und ich nannte meine kleine grau gesprenkelte Stute Merrylegs oder einfach Merry. Sie machte ihrem Namen Ehre. Wir beide verbrachten viele glückliche Stunden miteinander, wenn wir über die Wege und Felder von Hampshire zogen. Mit Merry fühlte ich mich sicher, und nach anfänglichem Unbehagen fand sich auch Mutter damit ab, dass ich stundenlang mit meinem Pony verschwand. Wahrscheinlich wäre sie nicht gerade begeistert gewesen, hätte sie von einigen unserer Abenteuer gewusst. Einmal begegnete mir im Wald ein alter Mann, der mich überreden wollte, abzusteigen und mit ihm zu gehen. Abgesehen davon, dass ich das niemals getan hätte, schien Merry die Gefahr sofort zu wittern, denn sie galoppierte mit mir in einem Tempo in die entgegengesetzte Richtung, als hätte sie eine Klapperschlange gesehen. Bei einer anderen Gelegenheit versuchte ich, sie zur Überquerung einer Furt zu bewegen. Gewöhnlich watet sie gerne durch Wasser, aber in diesem Falle weigerte sie sich energisch. Während ich weiter auf sie einredete, kam ein Auto und blieb stecken, da das Wasser in der Mitte tiefer war und rascher strömte, als ich erwartet hatte.

Von einem Ereignis, das mich wirklich in Schrecken versetzte, erzählte ich allerdings meiner Mutter, da ich ihrer Beruhigung bedurfte. Merry und ich waren bereits eine Weile geritten. Wegen der großen Hitze wollte ich eine Abkürzung durch den Berry Wald nehmen, was uns eine halbe Stunde des Weges erspart hätte. Zunächst ging alles gut, als wir über den Anger dem schräg gegenüber liegenden Waldeingang entgegen ritten, der im Schatten der tief hängenden Eichen lag, die die Grenze zwischen dem Wald und den offenen Feldern markierten. Die Hälfte des Weges lag bereits hinter uns, als Merry plötzlich abrupt stehenblieb. Sie weigerte sich weiterzugehen und versuchte umzukehren. Da mein Pony normalerweise nicht schreckhaft war, hätte ich auf es hören sollen, aber mit meinen damals zwölf Jahren mag man mir meine Tollkühnheit verzeihen.

Ich zwang sie immer näher an den Waldrand, bis sich Merry in einiger Entfernung zu schütteln begann. Sie starrte auf die Bäume und zitterte vor Furcht. Dies gab mir dann doch zu denken, da sie sich noch niemals zuvor so verhalten hatte – und ich hielt sie an. Nach einigen Sekunden sah ich es. Ein rauchiger Schatten löste sich aus dem eigentlichen Baumschatten und wirbelte über das Feld auf mich und mein entsetztes Pony zu. Wir beide erstarrten vor Furcht. Der nachtschwarze Schatten schlängelte und wand sich quer durch das Gras. Als er näher kam, umhüllte uns ein kalter Hauch, und der strahlende Sonnenschein über uns ließ uns die Kälte noch deutlicher fühlen. Die Dunkelheit kroch immer näher und war nicht mehr weit von Merrys Vorderhufen entfernt. Ich konnte die scharfe Linie erkennen, die sie durch das helle Gras gezogen hatte, gefolgt von stygischer Schwärze, die das Sonnenlicht nicht zu durchdringen vermochte.

Ich darf gar nicht daran denken, was geschehen wäre, hätte Merry nicht augenblicklich kehrtgemacht, um querfeldein zu galoppieren, sorgsam darauf achtend, dass ich nicht umkippte. Ich schaute nicht ein einziges Mal zurück.

Um was konnte es sich bei diesem furchterregenden schwarzen Schatten gehandelt haben? Man spricht von „Schattenmenschen“, die aber gewöhnlich menschliche Gestalt zeigen und ziemlich harmlos zu sein scheinen. Jenes Wesen hingegen muss wohl recht drohend und gefährlich gewesen sein. Zum Glück achtete das Pony auf Sue.

Im medizinischen Bereich werden zurzeit Tiere, in erster Linie Hunde, ausgebildet, um bei Menschen Krankheiten zu entdecken. Ein spezielles Training lässt Hunde Krebs und besonders Diabetes aufspüren. Es gibt Hunde und Katzen, die ihren an Diabetes erkrankten Besitzer darauf aufmerksam machen, wenn sein Blutzuckerspiegel aus dem Gleichgewicht gerät. Andere Fälle sind bekannt, bei denen das Tier seinen unter Epilepsie leidenden Besitzer auf einen bevorstehenden Anfall hinweist. Wie die Tiere dies erkennen, bleibt ein Rätsel.

Der Bericht von Alice beschreibt einen derartigen Fall.

Vor etwa fünfzehn Jahren wollten wir unsere sechs Katzen kastrieren lassen. Einer der Kater streunte am liebsten draußen herum. Mein Mann, der nach ihm gesucht hatte, kam mit einer wunderschönen Calico-Katze zurück und fragte mich nach ihrem Besitzer. Ich hatte sie niemals zuvor gesehen. Sie verhielt sich völlig ruhig in seinen Armen. Wir setzten sie in eine Schachtel, während ich mit dem Nachbarn telefonierte. Es stellte sich heraus, dass die herrenlose Katze einen Monat zuvor bei ihm aufgetaucht war. Er wollte sie nicht behalten, weil er kein „Katzen-Mensch" war, und hatte sie fortgeschickt. Uns sollte es recht sein. Sie konnte bei uns bleiben. Wir nahmen sie gleich mit zum Tierarzt.

Als wir die Katze nach überstandener Tortur heimbrachten, schlug ich vor, den Neuankömmling vorerst in der Transportkiste zu belassen, um ihr die Möglichkeit zu geben, sich an ihre neue Umgebung zu gewöhnen. Wir tauften sie Rosa, nennen sie inzwischen aber meistens Pootie oder Rosa MaCalico. An jenem Abend hielt ich mich vorwiegend in der Nähe der Küche auf und bemerkte, dass es sie nicht zu stören schien, eingesperrt zu sein. Seltsamer noch, die anderen Katzen nahmen keinerlei Notiz von ihr. Als ich später das Gatter öffnete, spazierte Rosa heraus, streckte sich und wanderte in den Vorraum, um das Katzenklo zu benutzen. Dann fraß und trank sie, sprang auf die Couch und hielt ein Nickerchen. Sie hatte sich häuslich niedergelassen. Ich konnte mich des Gefühls nicht erwehren, sie zu kennen, denn sie schaute mich immerzu an. Sie ist die einzige Katze, der ich es jemals erlaubte, auf der Küchenanrichte zu sitzen. Beim Kaffee-Aufbrühen beobachtete sie mich ganz genau, als wolle sie eine neue Kunstfertigkeit erlernen. Sobald ich den Deckel hob, beugte sie sich vor und schnupperte den Kaffeeduft, setzte sich wieder aufrecht und beobachtete den restlichen Vorgang.

Nach der Anschaffung unserer neuen Bettdecke verbot ich den Katzenjungen, das Schlafzimmer zu betreten, denn sie hätten so lange daran herumgezupft, bis die Federn geflogen wären. Nur Rosa erlaubten wir es aus irgendeinem Grund. Ich fühlte mich wohl in ihrer Nähe. Gewöhnlich schlafe ich auf der Seite. Rosa pflegte auf meine Hüfte zu klettern, sie leicht zu kneten und sich nach einer Weile auf dem Bett niederzulassen. An mich gelehnt, putzte sie sich und rollte sich zum Schlafen ein. Sie schien mich zuerst zum Einschlafen bringen zu wollen. Im Sommer vor zwei Jahren begann sie dann, sich recht seltsam zu verhalten. Sie stieg zwar auf meine Hüfte, aber anstatt sie zu kneten, streckte sie ihre Pfote durch die Bettdecke an meinen Unterbauch und zupfte mich an der Stelle, die der Matratze am nächsten lag. Es tat nicht weh, deshalb ließ ich sie gewähren.

Jeder Katzenliebhaber weiß, dass es sinnlos ist, eine Katze von ihrem Vorhaben abzubringen. Jeden Abend geschah das Gleiche. Da ich mich in jenem Sommer nicht wohl fühlte, suchte ich einen Arzt auf, der einen Tumor an meinem linken Eierstock diagnostizierte. Er saß genau an der Stelle, an der Rosa mich gezupft hatte. Erst lange Zeit nach der Operation bemerkte ich, dass sie sich wieder wie früher verhielt. Ich glaube, sie hatte den Tumor gespürt und wollte mir helfen. Könnte sie doch sprechen – oder besser noch, könnte ich sie hören und verstehen.

Rosa „Pootie“ MaCalico ist immer noch mein „Baby“. Oder ist sie meine Mutter, die zu mir zurückkehrte? Im nächsten Leben wird es wahrscheinlich *sie* sein, die den Kaffee aufbrüht.

Steve Rose sandte mir diese reizende Geschichte über seine Katze.

Mein Zwillingsbruder und ich sind Medien – Geistheiler. Chris begann als Erster mit den Readings. Es war an unserem zweiundzwanzigsten Geburtstag. Wir saßen im Schlafzimmer, eine Kerze zwischen uns, und Chris benutzte einige Tarot-Karten. Eine von Mutters Katzen befand sich ebenfalls im Raum und saß zufrieden unter dem Tisch.

Es lief recht gut, bis wir bemerkten, dass der Kater irgendetwas im Zimmer wahrgenommen hatte. Er jagte umher, als wolle er eine unsichtbare Maus fangen. Er lief buchstäblich die Wände hoch, über das Bett und drehte sich immerzu im Kreis. Nach einigen Minuten begann er plötzlich, sich vor etwas zu fürchten und vergrub seinen Kopf so heftig in meinem Schoß, dass ich glaubte, er verletze sich. Er zitterte und wollte nur seinen Kopf bedecken. Ich beruhigte ihn, aber er verharrte bis zum Ende des Readings in dieser Stellung. Eine Mischung aus Speichel und Haaren bedeckte meine Hose. Wir baten das, was ihn erschreckt hatte, zu verschwinden. Schließlich beruhigte er sich und verhielt sich auf coole Katzenart, so als wäre nichts geschehen.

Ich erinnere mich, einmal gelesen zu haben, dass ein Katzenhirn hauptsächlich aus dem Sehnerv besteht. An jenem Tag muss dieser Nerv von Mutters Katze wohl *allzu* gut funktioniert haben.

Es heißt, Hunde und Katzen sehen nur das graue Spektrum. Ich frage mich, wie ihnen Geister erscheinen mögen. Es überrascht nicht, dass Tiere Geister wahrnehmen können, da ihre Sinnesorgane im Allgemeinen besser ausgerichtet sind als unsere. Aus diesem Grund sind sie in der Lage, Dinge zu erspüren, die uns verschlossen bleiben, wie aufkommende Unwetter. Bei dem schrecklichen Tsunami vor einigen Jahren, der Tausende von Menschen verschlang, kamen nur jene Tiere ums Leben, die in irgendeiner Weise eingesperrt waren.

Meine Hündin Sally verfügte über ein erstaunliches Talent, als besäße sie ein übernatürliches Wahrnehmungsvermögen. Sie konnte Bälle finden. Zunächst führte man es auf ihren ausgeprägten Geruchssinn zurück, aber es handelte sich um Bälle fremder Kinder, die draußen spielten. Auf der anderen Straßenseite lag ein mit Brombeersträuchern und Dickicht überwuchertes Feld. In der damaligen Zeit, als es nur wenig Verkehr und keine Computer gab, spielten die Nachbarskinder immer draußen. Natürlich flog beständig ein Ball in dieses Feld, den niemand mehr finden konnte. Sally holte ihn. Die Kinder klopften an die Tür und baten: „Kann Sally kommen?“ Ich nahm sie mit nach draußen, stellte mich an den Straßenrand und ermunterte sie: „Finde ihn!“ Es spielte keine Rolle, wo der Ball hingeflogen war, wem er gehörte oder wer ihn berührt hatte. Sally sprang in das Feld und tauchte oft bereits nach wenigen Sekunden triumphierend mit ihm wieder auf. Für die Kinder war sie eine Heldin.

8
Tiere in freier Wildbahn

ES GIBT KEINE WILDEN TIERE,
ES SEI DENN DER MENSCH MACHT SIE ZU SOLCHEN.
MARK TWAIN

Vom Geist wilder Tiere hört man nur selten, woraus man schließen mag, dass sie keine Seele besitzen, was aber wohl daran liegt, dass man sie nur selten zu Gesicht bekommt. Es mögen Herden von Zebra-Geistern über die Weiten Afrikas jagen und in den Regenwäldern Horden von Affengeistern die Bäume erklimmen. Aber wer sieht sie? Und sollte man sie in der flirrenden Hitze tatsächlich wahrnehmen, wird man sie wohl für eine Luftspiegelung halten oder als verschwommenes Trugbild in der dampfenden Atmosphäre des Dschungels abtun. Aber es ist mir gelungen, das eine oder andere Verblüffende zu entdecken.

Christen Martins Geschichte klang für mich im ersten Moment ein wenig lächerlich. Ein Zebra-Geist? In Arizona? Aber nach einigem Nachdenken beschloss ich, sie aus Gründen, auf die ich später näher eingehen werde, wiederzugeben.

Während unseres Urlaubs, den wir in Arizona verbrachten, besuchten wir die geheimnisvolle Stadt Sedona und betrachteten ehrfurchtsvoll den majestätischen Grand Canyon. Es war uns niemals bewusst geworden, wie großartig Arizona ist, mit all seinen Wundern, wie der Stadt Jerome, hoch oben auf dem Mingus Mountain, oder dem Farbenspiel der Painted Desert. Selbst die Stadt Phoenix schien uns Ungewöhnliches zu bieten. Unser Motel lag etwa eine Meile vom Zoo entfernt. Tagsüber war es zu heiß, um ihn zu besuchen. Draußen in der Wüste, vor allem auf den Bergen und in Sedona, herrschte eine trockene Hitze und gewisse Frische, während einen in der Steinwüste dieser Großstadt die Hitze vom Bürgersteig ansprang und zu verbrennen drohte, wenn man bloß hinschaute. Wir hatten Mühe, uns in dieser riesigen Stadt zurechtzufinden. Auf der Suche nach einem Einkaufszentrum fuhren wir ewig auf der für uns falschen Straßenseite. Ich bin sicher, es gab sehr viele solcher Zentren in einer Stadt dieser Größenordnung, aber wir fanden einfach keines.

Am späten Abend führte uns unser Weg zurück zum Motel am Zoo vorbei. Als wir die Zufahrtsstraße passierten, sah ich etwas. Es schien ein Pony zu sein. Ich sah nur noch sein Hinterteil um die Ecke in Richtung Zoo biegen. Als Pferdebesitzerin kam mir natürlich sofort der Gedanke, dass es sich um ein entflohenes Pony handelte, das nun frei auf der Straße herumlief. Mein eigenes Pony war auf der Straße getötet worden, weshalb ich der Sache nachgehen wollte. Abgesehen vom Verkehr, war dieses Tier natürlich noch anderen Gefahren ausgesetzt, wie der Hitze, Skorpionen und Pferdedieben. Obwohl ich nicht wusste, was ich mit ihm anfangen sollte, wenn ich es erst einmal eingefangen hatte, fühlte ich mich verpflichtet, es zu versuchen.

So näherten wir uns also in jener heißen Nacht spätabends dem Zoo von Phoenix, der bereits geschlossen hatte. Wir fuhren um die Kurve, in der ich das Tier hatte verschwinden gesehen, als ich bemerkte, dass es zwei waren. Das war noch nicht einmal das Verrückteste. Sie trugen Pyjamas! Nein, es waren eigentlich zwei Zebras. Nun sahen wir uns einem anderen Problem gegenüber: Zwei entflohene Zebras. Meine Gedanken jagten. Wir sollten zurückfahren und den Zoo, die Polizei oder irgendjemanden benachrichtigen, um die Angelegenheit in die Hand zu nehmen.

Da bemerkten wir, dass die beiden Tiere Kampfstellung einnahmen. Ihre Schreie waren fürchterlich, und wir konnten das dumpfe Geräusch hören, sobald ihre Hufe aufeinanderprallten. Uns fehlten die Kenntnisse, um den Kampf zu unterbrechen, der möglicherweise fatal enden konnte. Wir fuhren zurück zum Motel und benachrichtigten telefonisch die zuständigen Personen. Man kann sich vorstellen, wie albern wir uns fühlten, als man uns später zurückrief und erklärte, dass an jener Stelle keine Zebras gesichtet worden waren und der Zoo kein Tier als vermisst gemeldet hatte. Eine bizarre Angelegenheit! Ich weiß nicht, was in jener Nacht geschah oder was wir gesehen hatten.

Eine unglaubliche Geschichte, aber ich glaube sie. In Arizona gibt es offensichtlich keine wilden Zebras, und soweit ich weiß haben auch niemals welche dort gelebt. Ich vermute, dass es sich entweder um den Geist von zwei Zebras handelte, die einst im Zoo lebten, vielleicht an einer anderen Stelle, oder, vergleichbar mit den Wallabys in England, es entflohen im Laufe der Jahre so viele Tiere der Gefangenschaft, dass es nun tatsächlich einige Zebras in freier Wildbahn gibt. Eine dritte Möglichkeit wäre, dass sie aus einer anderen Dimension kamen, aus einem anderen Arizona, in dem es wilde Zebras gibt. Schließlich spricht die Wissenschaft von vielen anderen Dimensionen und Universen.

Crystal George berichtet von einem Tiergeist aus Afrika.

Ich wuchs in Gamefarms auf und war an Raubkatzen gewöhnt. Da ich mit ihnen umzugehen wusste, fürchtete ich mich nicht vor ihnen. Nur bei einer flippte ich ein einziges Mal aus. Ich besuchte das Ferienhaus einer Freundin. Da ich zu früh war, schaute ich mich ein wenig um, bis sie aus der Stadt zurückkehrte. Ich ging zum Wasserloch hinunter, hockte mich ins Unterholz und beobachtete die Zebras beim Trinken. Nach einer Weile sah ich einen Schatten durch die Bäume schleichen. Ich blinzelte, um herauszufinden, was es war. Es sah nach einem Löwen aus. Ich freute mich, denn ich wusste, dass Pattys Familie (denen der Park gehörte) schon seit langem auf ihren eigenen Löwen wartete. So seltsam es klingen mag, aber die Leute, die einen Teil der Wildnis eingezäunt haben, müssen Tiere kaufen. In dieser Gegend gehören die Wildschutzgebiete tatsächlich irgendjemandem. Pattys Eltern konnten sich bislang keinen Löwen leisten, weshalb ich mich freute, dass sich nun offensichtlich einer auf ihrem Gelände eingefunden hatte.

Der Löwe, der immer noch im Schatten stand, schien es auf die Zebras abgesehen zu haben, was mich in eine schwierige Lage versetzte. Es ist ein ungeschriebenes Gesetz, niemals einzuschreiten und einen Löwen (oder andere Raubtiere) am Jagen zu hindern. Sie müssen letztlich leben, und es obliegt dem Besitzer, für genügend Beute zu sorgen, um das Gleichgewicht aufrechtzuerhalten. Will man einen Löwen, muss man gewillt sein, einzelne Zebras zu opfern. Dennoch war es mir nicht recht. Ich blickte mich um. Niemand schaute zu. Der Löwe schlich sich an das niedlichste Zebra-Junge heran, und ich dachte, gerade dieses retten zu müssen. Es war doch noch ein Baby. Ich wusste, dass die Zebras auf und davon rennen würden, wenn ich mich heftig bewegte. Ich begann, auf und ab zu springen, denn ich war mir sicher, dass der Löwe, der sich auf der anderen Seite des Wasserlochs befand, von mir Abstand halten würde, da ich in der Nähe der Hütten stand. Es wirkte. Die Zebras flohen den Hügel hinauf. Seltsamerweise nahm der Löwe weder von ihnen noch von mir Notiz und setzte seinen Streifzug fort, als stünden die Zebras noch dort. Ich kam nicht dahinter. Da erkannte ich, dass es sich um ein wunderschönes Exemplar handelte, gesund und wohlgenährt. Pattys Familie hatte einen guten Griff getan. Mit einem Male setzte der Löwe zum Sprung an, aber auf nichts! Er sprang und verschwand. Zurück blieb nur eine Staubwolke. Ich traute meinen Augen nicht. Ich muss irgendetwas verpasst haben, dachte ich. Löwen können sich sehr schnell bewegen, aber das am nächsten gelegene Versteck lag meterweit entfernt.

In diesem Moment kam Patty von hinten auf mich zu. Ich erzählte ihr, wie sehr ich mich darüber freute, dass sie sich nun doch einen Löwen angeschafft hatten. Sie schaute überrascht: „Welchen Löwen? Es wird noch Monate dauern, bis wir uns einen zulegen."

Es stellt sich die Frage, ob es sich um den Geist eines Löwen handelte, der früher einmal diese Gegend durchstreift hatte und zum Jagen zurückgekehrte war, oder um eine Vision der Zukunft.

Für Vögel hege ich eine besondere Bewunderung und habe ein Problem mit Leuten, die es als Sport betrachten, sie abzuschießen. Es wird wohl niemand bestreiten, dass ein dahingleitender Vogel eines der größten Wunder Gottes darstellt. Der Mensch hat ihn immer um seine Kraft beneidet und seit Ikarus versucht, ihn nachzuahmen. Selbst die heutigen Flugzeuge vermögen den majestätischen Flug einer Möwe, die im Wind über das Meer gleitet, nicht zu imitieren. Vögel verseuchen die Luft nicht mit fossilem Brennstoff, um ihr Wunder zu vollbringen. Dennoch gibt es Menschen, die sich im Namen des Sports das Recht herausnehmen, diese lebendigen Wunder auf ein spiralförmig abwärtssausendes Federbündel zu reduzieren. Vielleicht veranlasst die Geschichte von Kevin einige dazu, darüber nachzudenken.

Zugegebenermaßen beschämt es mich ein wenig, was ich zu erzählen habe. Vor etwa zwanzig Jahren züchtete ich Vögel in einem Vogelhaus im Garten. Ich hatte Kanarienvögel, Wellensittiche und

Finken. In gewisser Weise wurde ich zum Experten und glaubte, alles über sie zu wissen. Sie vermehrten sich erfolgreich und waren gesund. Ich musste also alles richtig gemacht haben. Die Leute kamen von überall her, um sie zu kaufen. Es war ein erfolgreiches kleines Geschäft. Bisweilen plagte mich mein Gewissen ein wenig, wenn jemand einen Vogel kaufte, um ihn drinnen in einen Käfig zu sperren. Manchmal kam mir der Gedanke, dass die geselligen Vögel sich vielleicht allein nicht glücklich fühlten, aber nicht weil sie vielleicht eine Seele besaßen oder so etwas.

Alle meine Vögel waren in der Gefangenschaft geboren und wussten es nicht besser. Sie konnten die Freiheit gar nicht vermissen. Ich riet meinen Kunden immer wieder, sie hin und wieder frei herumfliegen zu lassen und ihnen einen Gefährten zu besorgen. Die meisten wollten ihnen das Sprechen beibringen, was in gleichartiger Gesellschaft nicht so leicht gelingt.

Ein kleiner blauer Vogel sorgte für die meisten Nachkommen. Ich hatte den Wellensittich selbst gezüchtet und besaß ihn bereits seit zwölf Jahren, eine beachtliche Lebensspanne für eine solche Vogelart. Er hatte sein ganzes Leben in einem Käfig verbracht.

Ich wusste, dass ich ihn bald verlieren würde, denn er begann sehr dünn und zerzaust zu werden. Als ich eines Tages von der Arbeit heimkehrte, lag er am Boden des Vogelhauses. Ich hob ihn auf. Er atmete noch. Ich fühlte sein kleines Herz klopfen. Aber es war nur eine Frage der Zeit, bis er von mir ging. Es war, als habe er auf mich gewartet, um Lebewohl zu sagen. Einige Minuten später stand sein Herz still.

Ich öffnete meine Hand und blickte traurig auf die kleine Gestalt, als sich etwas bewegte. Eine verschwommene Form erhob sich von dem toten Vogel in meiner Hand und nahm im Aufwärtssteigen die Gestalt eines Vogels an. Sie war ganz grau und nahezu transparent, aber deutlich erkennbar. Sie flatterte zum oberen Teil des Vogelhauses und schwebte am Maschendraht. Ich hielt den Atem an, verblüfft über das, was ich sah. Auf halbem Weg drehte sich der Vogel um und schien mich anzuschauen. Einen Moment lang dachte ich, dass er trotz seiner Transparenz das Geflecht nicht überwinden konnte. Aber dann flog er hindurch. Er flog höher und höher, bis nur noch ein winziger Fleck am Horizont zu erkennen war. Ich schüttelte den Kopf und redete mir ein, geträumt zu haben, als ich ihn aus der Höhe singen hörte. Gewöhnlich singen nur die Männchen, aber es war eindeutig der Gesang eines Wellensittichs. Er schien mir sagen zu wollen, wie glücklich er war. Dann traf es mich. Er hatte nicht auf mich gewartet, um mir Lebewohl zu sagen, er wollte mich etwas lehren. Meine Augen füllten sich mit Tränen, als ich darüber nachdachte, wie frei sein kleiner Geist emporgeflogen war. Ich erkannte meinen Fehler. Vögel sollten nicht in Käfigen gehalten werden. Seit jenem Tage habe ich keinen Vogel mehr eingesperrt und werde es auch niemals wieder tun.

Es muss sich um ein ungewöhnlich eindringliches und überzeugendes Erlebnis gehandelt haben, das Kevin veranlasste, seine Einstellung und Verhaltensweise so drastisch zu verändern. Aber wer könnte dem Anblick eines kleinen Vogelgeistes widerstehen, der nach Jahren der Gefangenschaft in die Freiheit fliegt? Tiere scheinen oft jahrelang Not und Entbehrung zu erdulden, um einem Mitglied der sogenannten „überlegenen Spezies“ eine Lektion zu erteilen. Und wenn, dann geschieht es mit Anmut und Freundlichkeit. Das allein stellt sie in mancherlei Hinsicht bereits über den Menschen.

9
Tiere, die wir essen

LEBEN IST LEBEN, OB IN EINER KATZE, IN EINEM HUND ODER IN EINEM MENSCHEN. ES GIBT KEINEN UNTERSCHIED ZWISCHEN EINER KATZE UND EINEM MENSCHEN. DIE VORSTELLUNG VON UNTERSCHIED IST EINE ERFINDUNG DES MENSCHEN ZU SEINEM EIGENEN VORTEIL.
SRI AUROBINDO

DIE ZEIT WIRD KOMMEN, IN DER DIE MENSCHEN DEN TIERMORD IN GLEICHER WEISE BETRACHTEN WERDEN WIE HEUTE DEN MENSCHENMORD.
LEONARDO DA VINCI

Diese beiden Zitate habe ich bewusst angeführt, da mir dieses Thema besonders am Herzen liegt. Es heißt ebenfalls, dass alle Menschen Vegetarier wären, wenn die Schlachthöfe Glaswände hätten. Diese Behauptung mag dahingestellt sein, denn es wird sicherlich Leute geben, die Fleisch essen, obwohl sie den Weg des Tieres auf ihren Teller verfolgen können. Aber vielleicht würden sie für eine humane Behandlung der Tiere sorgen, was nicht nur dem Tier zugutekäme, sondern auch der menschlichen Seele und nicht zuletzt den Bauern, die man zur intensiven Tierhaltung zwingt, um ihren Lebensunterhalt zu verdienen, sowie den Schlächtern, an deren Händen das Blut klebt. Aufgrund unserer gemeinsamen Wurzeln sind wir untrennbar miteinander verwoben und in vielerlei Hinsicht voneinander abhängig.

Alle Seelenfunken, seien sie im Lehm, in einem Löwen oder in einem Hund, befinden sich auf dem Pfad der Höherentwicklung und enden schließlich in einem menschlichen Körper. Was aber nicht bedeutet, dass wir das höchste Glied der Kette darstellen, sondern der Prozess schreitet so voran, weil die Seele zu ihrer Weiterentwicklung der menschlichen Erfahrung bedarf. Aus unseren Erfahrungen als Tier schöpfend, sind wir vorbereitet, um die Prüfungen und das Leid menschlichen Daseins zu ertragen.

Von Tieren, die diesen Entwicklungsweg beschreiten, kann nicht erwartet werden, ein gutes Beispiel ausgerechnet des Wesens zu werden, das sie am meisten fürchten. Wie kann man von ihnen erwarten, ein „guter Mensch" zu werden, wenn die Menschen ihnen Furcht und Schmerz einflößen. Wir schulden es den Tieren und zukünftigen Menschheitsgenerationen, dass Lebensformen diese Welt mit guten Erinnerungen an den Menschen verlassen.

Kevan Walden vermittelt mit seiner Geschichte einen Einblick in das, was aus einem in seinem Leben misshandelten Tier werden kann.

Als Jugendliche beschlossen wir eines Tages, einen verbotenen Ort aufzusuchen. Junge Leute haben ein angeborenes Bedürfnis, sich auf irgendeine Art zu beweisen. Dort, wo ich herkomme, bedeutete dies einen Ausflug zur alten Schweine- und Geflügelzuchtfabrik. Aus zwei Gründen übte der Ort einen gewissen Reiz auf uns aus. Erstens war es nicht erlaubt, ihn zu betreten, und zweitens hieß es, dort gebe es Gespenster. Wir konnten also unbeschadet feststellen, wer die stärksten Nerven besaß.

Obwohl die Fabrik seit Jahrzehnten geschlossen war, stellten wir fest, dass sich dort immer noch etwas tat. In jener Winternacht wurde es rasch dunkel, was zu der Herausforderung gehörte. In einiger Entfernung parkten wir das Auto. Uns gegenseitig anstachelnd, wer als Erster ging, legten wir den Rest des Weges bis zur Absperrung zu Fuß zurück. Jenseits des Zaunes betraten wir das erste Gebäude, in dem die Schweine geschlachtet wurden. Seltsamerweise schien immer noch der seltsame Geruch faulen Fleisches in der Luft zu hängen. Natürlich hoffte jeder von uns, dass etwas Gespenstisches geschah, was die anderen erschreckte, während man selbst cool blieb und als Gewinner dastand. Aber es schien nichts zu geschehen. Die leere dunkle Halle langweilte uns nach einer Weile. Das leise Klopfen aus dem Schrank rührte von einer Maus oder dergleichen her. Als Nächstes wollten wir der Geflügelhalle einen Besuch abstatten. Die armen Tiere hatten dort ihr kurzes Dasein verbracht, nur um schließlich aufgehängt und durch einen elektrischen Stromschlag oder durch das Aufschlitzen ihrer Kehle getötet zu werden. Allein die Vorstellung war makaber.

Plötzlich hörten wir irgendwo in dem Gebäude eine Tür schlagen. Es jagte uns einen gelinden Schrecken ein, denn die rostigen, aus den Angeln hängenden Türen funktionierten mit Sicherheit nicht mehr. Hinter uns vernahmen wir mit einem Male den beunruhigenden Laut einer gluckenden Henne. Er klang nur leise, genügte aber, um uns dazu zu veranlassen, das Weite zu suchen, denn in diesen Hallen hatte es seit über fünfzig Jahren keine Hühner mehr gegeben.

Im Hinausgehen hörten wir die schweren rostigen Türen hinter uns zuschlagen, als ob uns irgendetwas daran hindern wollte, zurückzukehren.

Ich glaube, es war kein Huhn, das sich in der Halle manifestierte, sondern eher eine gespeicherte Energie, die wiederauflebte, wahrscheinlich aufgrund der Anwesenheit der jungen Leute. Das Gleiche mag für die schlagenden Türen gelten. Das frühere Geschehen wurde reaktiviert, da es seine Zuhörer fand. Es stellt sich die Frage, ob die Geräusche auch aufgetreten wären, wenn sie niemand gehört hätte, was sich in gewisser Hinsicht mit der Frage deckt, ob ein im Wald niedergehender Baum ein Geräusch verursacht, wenn niemand zugegen ist, es zu hören. In jedem Fall beweist dieser ungewöhnliche Spuk, dass Batterie-Hennen Schmerz und Unbehagen empfinden und ihr Leid so stark war, dass es sich in die Bausubstanz eingrub. Jedes Tier sollte respektvoll behandelt werden.

Kälberboxen sind doch jedem bekannt, oder? Paula Evans schickte mir eine Geschichte, die zeigt, dass sogar Kälber eine Stimme besitzen.

Da ich Tiere stets geliebt habe, war es besonders hart für mich zu erfahren, dass es in der Nähe des Hauses, in dem ich als Kind lebte, einen Bauernhof gab, der Kälber züchtete. Wenn im Sommer die Fenster offenstanden, konnte ich sie von meinem Schlafzimmer aus in ihren Boxen schreien hören. Es brach mir das Herz. Ich glaube, ich wäre Tieraktivistin geworden, hätte das Schicksal nicht früher eingegriffen. Ich war fünfzehn und überglücklich, als der Hof pleiteging. Man verkaufte ihn und nutzte die Gebäude zu landwirtschaftlichen Zwecken. Die Kühe verschwanden von den Feldern, die man pflügte und besäte. Dies gefiel mir, denn es bedeutete, dass keine Tiere mehr misshandelt wurden. Manche Menschen bedauern es, wenn es kein Schlachtvieh mehr gibt, da man diese Tiere dann nicht mehr sieht. Ich frage immer: „Was wäre den Kühen lieber? Ein kurzes, miserables Leben voller Leid, um getötet zu werden, oder überhaupt kein Leben?“

Einige Monate gingen ins Land. Ich erinnere mich noch genau an jene Nacht, in der es geschah, denn ich war gerade sechzehn und durfte zum ersten Mal eine Disco in der Stadt besuchen. Damals, in den Sechzigern, waren die Eltern ein wenig strenger. Vom Dorf aus ging ich zu Fuß nach Hause. Mein Weg führte mich an jenem Bauernhof vorbei. Es war ein heller warmer Sommerabend. Ein eiskalter Schauder überlief mich, als plötzlich aus einer der Scheunen das Muhen von Kälbern zu mir herüberdrang. Ich konnte es nicht fassen. Nach dem ersten Entsetzen dachte ich, der Bauer habe sich doch entschlossen, Kälber großzuziehen. *Oh, nein! Wie konnte er nur*? Ich konnte die Vorstellung nicht ertragen, erneut Nacht für Nacht diesen klagenden Laut hören zu müssen.

Die Klagelaute hielten an. In der Hoffnung, im Hof keinem Hund zu begegnen, kletterte ich durch die Hecke. Das Muhen wurde zunehmend lauter und klang ohrenbetäubend, als ich die Scheune erreichte. Ich glaubte, die Kälber würden gerade geschlachtet. Vielleicht tötete man sie am späten Abend, damit die Nachbarn es nicht bemerkten. Dem wollte ich ein Ende setzen, falls ich sah, was ich erwartete, und es überall erzählen!

Der Kern des Schobers bestand aus einem jener alten Steingebäude, aber die Wand, an der ich stand, war erst kürzlich aus Holzlatten gezimmert worden, mit Lücken dazwischen, die wohl der Trocknung des Getreides dienten. Ich lugte durch eine dieser Spalten, um etwas zu erkennen, als das Geräusch erstarb. Die Stille bebte. Ich kniff die Augen zusammen, denn alles, was ich in der Scheune sah, waren säuberlich aufgereihte Landwirtschaftsmaschinen. Nicht ein einziges Tier in Sicht. Es war geradezu unheimlich, aber ich war erleichtert und konnte nur denken, dass die Energie der verzweifelten Kälber in diesem Ort hing.

War es ein Echo, wie im Fall der Hühner? Eine Wiederholung vergangenen Geschehens? Möglicherweise, aber selbst wenn, so zeigt es, dass der geistige Aspekt der Tiere so stark unter der Misshandlung leidet, dass Schmerz und Verzweiflung in die Wände und Steine sickern, aufgezeichnet für die Geschichte, damit sich der Mensch eines Tages beschämt fühlt.

Die Geschichte von Madeleine Walker berichtet nicht von einem misshandelten Tier, sondern beschreibt das Gegenteil. Ihre Ziege wurde von der Familie geliebt und verwöhnt. In zahlreichen Ländern werden Ziegen als Grundnahrungsmittel gezüchtet.

Mulberry war eine sehr ungewöhnliche und besondere Ziege. Kurz nach ihrer Geburt wurde sie von der übrigen Herde schikaniert, aber sie überwand bald ihre Schüchternheit. In späteren Jahren wirkte sie als Muttertier der Herde. Sie und unser Sohn Cameron wurden im selben Jahr geboren. Sie wuchsen gemeinsam auf und glichen sich in mancherlei Hinsicht. Auch er wurde drangsaliert, da er sich von den anderen unterschied. Wie wir später entdeckten, litt er unter dem *Aspergers Syndrom.* Er wuchs heran und entwickelte sich zu einem zuversichtlichen jungen Mann, der sich unter seinesgleichen zu behaupten wusste.

Es kam die Zeit, in der wir unsere geliebte Ziege verlieren sollten. Sie war Camerons bester Freund. Wir fragten uns, wie wir ihm ihr Ende erklären sollten, da sie nicht eines natürlichen Todes sterben würde. Ihre Krankheit zwang uns dazu, für sie die Entscheidung zu treffen.

Homöopathische und schulmedizinische Medikamente halfen zwar eine Weile, aber während meiner Abwesenheit von einer Woche verschlechterte sich ihr Zustand dramatisch. Ich musste also mit Cameron reden und ihm eröffnen, dass wir ihrem Dasein ein Ende bereiten mussten. Es war natürlich schrecklich für ihn, aber ich tröstete ihn, dass sie ihn *immer* lieben und für ihn da sein werde, und erklärte ihm, dass wahre Liebe niemals stirbt.

Cameron akzeptierte die Entscheidung, da er nicht wollte, dass Mulberry litt, bestand aber darauf, dass sie nicht erschossen wurde. Er konnte den Gedanken nicht ertragen, sie durch eine Kugel getötet zu wissen. Es entsetzte ihn. Ich erklärte ihm, dass nicht ein Gewehr, sondern ein Bolzen verwendet werden würde. Cameron war einverstanden. Der Termin wurde in eine Zeit gelegt, in der er in der Schule war. Man kann sich mein Entsetzen vorstellen, als der Mann tatsächlich mit einem Gewehr in der Hand erschien. Er ging sanft und freundlich mit Mulberry um, die bereit war. Cameron sollte nichts davon erfahren. Meine Lüge entschuldigte ich innerlich damit, dass es für ihn und Mulberry wohl das Beste war.

Als ich eine Woche später Cameron zu Bett bringen wollte, zitterte er vor Wut und brüllte mich an: „Du hast mich angelogen! Wie konntest du?"

Ich war schockiert und wusste nicht, wovon er sprach.

„Mulberry ist gekommen und hat mir gesagt, dass eine Kugel in ihrem Kopf steckt!"

Ich war entsetzt, dass Cameron die Wahrheit kannte, und setzte mich zu ihm und entschuldigte mich. Ich versicherte, dass ich ihm die Wahrheit nur mit Rücksicht auf seine Gefühle verschwiegen hatte und alles sehr schnell und behutsam abgelaufen war. Ich erklärte ihm auch, dass die Tatsache, dass er die Wahrheit kannte, bewies, dass Mulberry noch bei ihm war, so wie ich es ihm gesagt hatte. Als er den Zusammenhang begriff, überwand er seinen Schmerz und den Verlust. Bis zum heutigen Tage steht Mulberrys Geist Cameron bei. Er weiß, dass er jederzeit mit ihr reden kann, wenn er es benötigt.

Es gibt zahlreiche Beweise dafür, dass Tiere durchaus in der Lage sind, Kindern wie Cameron zu helfen. Autistische Kinder reagieren wach und aufmerksam, bringt man sie mit Pferden in Kontakt. Selbst der Geruch eines Tieres kann eine Reaktion auslösen. Ich glaube, dass wir ebenso wenig wie wir unseren Planeten erforscht haben, von dem fünfundsiebzig Prozent unter Wasser liegen, kaum die Oberfläche des geistigen Aspektes unseres unglaublichen Tierlebens angekratzt haben.

10

Dein Tier und seine Seele

Nach der Lektüre dieser unglaublichen Geschichten möchte ich auf den Gedanken eingehen, dass unsere Haustiere und überhaupt alle Tiere eine Seele besitzen. Der nächste Schritt wäre dann der Versuch, sich mit diesen Seelen, von denen man ein ungeheures Wissen aufnehmen kann, in Verbindung zu setzen. Dies lässt sich in drei Stufen erreichen:

Eine energetische Verbindung auf der Mentalebene
Eine energetische Verbindung auf der Seelenebene
Die Ebene der Universalseele

Auf der ersten Ebene findet eine ganz natürliche Verbindung statt, da wir unsere emotionale Energie auf die Tiere übertragen. Energie bewegt sich fort. Sie wandert zwischen Geist, Herzen und Seelen. Sich emotional mit Tieren in Verbindung zu setzen, gestaltet sich einfach, führt aber nicht zur eigentlichen Kommunikation, da sie gewöhnlich nicht in der richtigen Weise vorgenommen wird. Gleichgültig, was man empfindet, das Tier wird es ebenfalls fühlen. Eine angespannte und unausgeglichene Energie überträgt sich auf das Tier und macht die Verbindung unbrauchbar.

Wichtig ist es, zunächst nichts zu tun; was einfacher klingt, als es ist. Die Kunst, physisch und psychisch vollkommen ruhig zu sein, erweist sich als unglaublich schwierig. Gelingt es, befindet man sich bereits auf halbem Wege zu einer wahren Kommunikation mit seinem Haustier.

Man muss lernen, seine emotionale Energie zu steuern und in den Griff zu bekommen, um eine echte Verbindung aufbauen zu können.

Tiere besitzen die Fähigkeit, völlig im gegebenen Augenblick aufzugehen. Sie leben in momentaner Furcht, in momentaner Begeisterung und in momentaner Ruhe. Den Umständen entsprechend, wechseln sie augenblicklich von einem Zustand in den nächsten. Wir Menschen neigen dazu, unseren Emotionen nachzuhängen, den schlechten wie den guten, wodurch wir unsere Energie von der Gegenwart in die Vergangenheit und zurück in die Zukunft ziehen. In einem solch schwankenden Zustand lässt sich keine wirkungsvolle Kommunikation auf geistiger Ebene aufbauen, weder beim Tier noch beim Menschen. Aus diesem Grunde sollten wir nichts tun, nichts denken und unseren Tiergefährten im „Jetzt" begegnen. An nichts zu denken, ist sehr schwierig und wird nur von Adepten wirklich beherrscht, die ein Leben lang darauf hinarbeiteten, diesen Zustand zu erreichen. Die übrigen Menschen kämpfen damit, Gedanken zu verbannen, die sich mit finanziellen Schwierigkeiten, Beziehungsproblemen, beruflichen Themen und dergleichen beschäftigen. Man kann es trainieren.

Die mentale Verbindung

Beginnen wir mit dem einfachen Schritt, den Körper ruhig zu halten. Bereite alles sorgsam vor, um dich bequem hinzusetzen oder niederzulegen. Abgesehen von dem Tier, mit dem du arbeiten möchtest, schalte die Welt aus, indem du das Telefon und die Türklingel abstellst.

Beginne mit der Kopfhaut und lasse ein warmes, entspannendes

Licht über dein Gesicht zum Hals, über die Schultern durch den Körper und hinab bis zu den Zehen rieseln. Lasse dich fallen.

Was geschieht währenddessen mit deinem Tier? Es wird automatisch deinen Zustand annehmen, denn „Energie bewegt sich fort". Je ruhiger dein Körper wird, desto ruhiger wird der Körper deines Tieres werden. Nehmen wir an, du arbeitest mit einem energiereichen Hund. Vielleicht rennt er im Zimmer hin und her und jault sogar, da du zu Beginn der Übung selbst recht unruhig gewesen bist. Hat sich dein Körper entspannt, wirst du bald bemerken, dass dein Hund still und gelöst neben dir liegt.

Sobald diese emotionale Beziehung erreicht wurde, bemühe dich um eine mentale Verbindung. Wende dich innerlich dem Tier zu. Zunächst werden sich kleine Bilder oder Symbole von ihnen durchquälen. Halte deine Erwartung auf grundlegende Dinge gerichtet, wie Müdigkeit, Zufriedenheit oder Entspannung. Erregte, konfuse Botschaften sind ein Zeichen dafür, dass die Übung wiederholt werden muss.

Wirf dieselben Gefühle auf das Tier zurück. Es wird die Verbindung beschleunigen.

Die Seelenverbindung

Sobald sich eine starke Beziehung aufgebaut hat, kannst du zum nächsten Schritt, der Seelenverbindung, übergehen.

Versuche, dem Tier näher zu kommen, indem du Fragen stellst, wie: *Bist du glücklich? Hast du es bequem? Bist du hungrig?* Einfache, nicht allzu tiefgehende Dinge. Du wirst mühelos Antworten auffangen. Wenn nicht, gehe eine Stufe zurück. Werde niemals ungeduldig. Es ist nicht einfach. Man muss es üben und seine Ungeduld bezähmen. Bestimmte Tierkommunikatoren lassen es einfach *erscheinen.* Man darf aber nicht vergessen, dass sie einen bestimmten Weg verfolgt haben, um dorthin zu gelangen, wo sie jetzt stehen. Jede Lebenserfahrung diente dazu, ihre latente Fähigkeit zum Tragen zu bringen.

In dieser Phase kann man dem Tier weitreichendere Fragen stellen, was ihre Gesundheit anbelangt, ihr Verhaltensmuster und ihre zukünftigen Bedürfnisse, auch was einen selbst betrifft, – und Antworten erhalten. Vielleicht fragst du nach vergangenen Leben, die du mit ihm verbracht hast, und wirst auf diese Weise erfahren, warum ihr beide euch im jetzigen Leben erneut begegnet seid.

Diese Stufe vermögen die meisten Leute mit Anstrengung, Fleiß und Geduld zu erreichen, eine Stufe, die generell den größten Nutzen bringt. Wie viele Fragen man stellen kann, auf die man eine Antwort erhält, hängt von dem Fortschritt der Tierseele ab.

Will man eine Verbindung zu einem verstorbenen Tier aufnehmen und vor allem Fragen bezüglich eines neuen Haustieres stellen, sollte man Tagebuch führen. Notiere möglichst allabendlich die Erfahrungen mit dem neuen Tier oder allgemeine Themen, bei denen du Hilfe benötigst, oder Fragen zu deinem verstorbenen Tier. Schließe die Augen, visualisiere ein Silberband, das deine Seele mit dem Geist des Tieres verbindet, und warte auf Antworten und Informationen.

Um festzustellen, ob du Fortschritte machst, probiere deine Fähigkeit an den Nachbarhunden aus, wie an einem Hund, der jedes Mal bellt, wenn du vorübergehst. Wenn es dir gelingt, still vor dem bellenden Hund zu stehen, liebevollen Augenkontakt zu halten und darauf zu achten, dass die Energie, die du auf ihn überträgst, absolut ruhig und heiter ist, wird der Hund aufhören zu bellen. Lebst du in einer Gegend, in der nur ein Hund bellen muss, damit alle anderen in sein Gebell einstimmen, wird sich die Beruhigung des ersten Hundes energetisch auf die anderen übertragen, die dann einer nach dem anderen ihr Bellen einstellen, bis *alle* ruhig sind.

Wenn du glaubst, es zu schaffen, teste deine Fähigkeit an einem Tier in freier Wildbahn. Wir wohnen in einer Gegend, in der das Rotwild regelmäßig unseren Garten besucht, was die Sache vereinfacht.

Begegnet ein Reh einem Menschen, flieht es entweder oder es

erstarrt. Mein Hund KC war bei mir, als ich die Übung durchführte. Es ist ein wunderbares Gefühl, wenn sie gelingt.

Von unserem oberen Balkon aus können wir die Rehe beobachten, die auf ihrem Lieblingsplatz, einem benachbarten brachliegenden Feld, äsen. Zu bestimmten Tageszeiten findet sich immer ein Reh ein.

Man stelle sich folgende Szene vor. Ich stehe mit meinem Hund höher als das Reh. Sein Kopf schnellt hoch. Es sieht uns. Es möchte davonlaufen, aber ich schließe die Augen und stelle die erste Verbindungsstufe her. Das Tier verharrt an seinem Platz. Die zweite Stufe ist erreicht, und das Tier empfindet keinerlei Furcht. Selbst plötzliche Bewegungen des Hundes beunruhigen es nicht. Es ist nicht erstarrt. Sein Kopf und seine Ohren bewegen sich, und es blickt uns friedlich an. Wenn man diese Verbindung mit einem Tier in freier Wildbahn zu erreichen vermag, einem Tier, das sich vor Menschen fürchten *muss*, um zu überleben, wenn es gelingt, sich über diesen natürlichen Instinkt hinwegzusetzen, ist dies ein erhebendes Gefühl.

Die Universalseele

Nur wenn man die beiden ersten Ebenen beherrscht und durch sie hindurchgleitet wie ein Messer durch die Butter, mag man versuchen, zur letzten Ebene, der Ebene der Universalseele, vorzustoßen.

Auf dieser Ebene findet man über die Verbindung der Natur zum gesamten Planeten Zugang zu universeller Weisheit und Energie. Tiere besitzen eine innigere Beziehung zum Planeten als wir. Gelingt es uns, das Verhältnis zu ihnen zu stärken, werden sich uns andere Intelligenzquellen des Universums öffnen. Man beginnt, die feinen Verbindungsfäden zu spüren.

Durch die enge Verbindung mit deinem Haustier bildet sich eine gemeinsame Front, die einen Eintritt in die Energie des Universums zulässt und Antworten auf tiefgreifende und wesentliche

Fragen erlaubt, was deine eigene Zukunft, die deines Tieres und die des gesamten Planeten anbelangt.

Wurde diese Stufe zwischen Mensch und Tier, gleich welcher Spezies, erst einmal durchlebt, wird sich die gegenseitige Beziehung grundlegend verändern.

Auf dieser Ebene besteht die Möglichkeit, mit der Gruppenseele anderer Kreaturen in Kontakt zu treten, wie jener von Vogel- oder Heuschreckenschwärmen und dergleichen, mit jedem Tier oder Geschöpf, das ein Seelenfragment in sich trägt und das seiner Gruppe bedarf, um als Ganzes funktionieren zu können. Die Kommunikation mit der Gruppe erschließt Bereiche, die man eigenständig nicht entdecken könnte. Auf diese Weise mag man auch Verbindung zu Bäumen, Strömen und den Sternen selbst aufnehmen.

Nachwort

Bisweilen äußert eine Person etwas, das in uns widerhallt, aufgrund dessen wir das dahinterstehende Konzept, das vermittelt werden soll, augenblicklich erfassen. Daher erschien es mir sinnvoll, die Sichtweise unterschiedlicher Leute zu betrachten. Ich unterhielt mich mit einigen hervorragenden Tierkommunikatoren, um deren Ratschläge weiterzugeben, und hoffe, dass sie dich bei deiner Kommunikationsarbeit mit deinem Haustier und anderen Tieren ermutigen.

Madeleine Walker arbeitet in Südwestengland. Ich beobachtete sie beim Umgang mit einem Pferd, das jeden biss, der sich ihm näherte. Sein Kopf ruhte still und vertrauensvoll an Madeleines Brust. Sein Besitzer hatte bereits alle üblichen Wege beschritten, aber ohne Erfolg. Das Pferd erzählte Madeleine, wo seine eigentlichen Probleme lagen. Sie gibt folgende Ratschläge.

Liebe und Respekt bilden die wichtigste Grundlage für eine Kommunikation mit unseren Tierfreunden. Man sollte ihre Weisheit niemals unterschätzen. Es überrascht mich immer wieder, wie genau sie sich unserer körperlichen und seelischen Verfassung bewusst sind und wie gerne sie helfen, uns möglichst glücklich und gesund zu wissen. Es ist daher nur recht und billig, dass wir uns unsererseits aufmerksam um sie kümmern. Wenn wir auf ihre Bedürfnisse achten und auf ihren Rat hören, werden wir vieles über uns selbst erfahren. Oft spiegeln ihre Verhaltensmuster nur wider, was in uns vorgeht. Sie übernehmen sogar physische Symptome.

Bevor du den Versuch unternimmst zu hören, was Tiere „sagen", solltest du dich zunächst still hinsetzen und dich mit deinem Herz-Zentrum verbinden. Die Augen zu schließen, erleichtert die Konzentration. Fühle dein Herz sich wie eine wunderschöne Blume öffnen und stelle dir eine silberne oder goldene Linie oder einen Lichtstrahl vor, der zum Herz-Zentrum des Tieres führt. Lasse möglichst viel Liebe dieses Band entlang strömen. Außerdem frage das Tier mit tiefem Respekt um Erlaubnis, diese Verbindung herstellen zu dürfen.

Am Anfang solltest du mit einfachen Dingen beginnen, wie der Frage nach seinem Lieblingsfutter, seinem besten Freund oder dem Ort, an dem es gerne sein möchte. Zur Stärkung der telepathischen Fähigkeit wäre es sinnvoll, die ersten Eindrücke auf einem Block zu notieren. Wir alle besitzen diese latenten Fähigkeiten, sind aber dahingehend programmiert zu glauben, dass es sich bei der telepathischen Kommunikation um etwas Unheimliches handelt und sie bestimmten Leuten vorbehalten ist.

Mit den eigenen Tieren zu arbeiten, mag sich als schwierig erweisen, da sich die persönlichen Gefühle einmischen können und man sie so gut „kennt", dass die Entdeckungen oft als „Einbildung" abgetan werden. Erhält man eine Information von einem fremden Tier, die der Besitzer bestätigen kann, obwohl sie einem selbst unsinnig erschien, mag man beginnen, seiner Intuition und der Führung der Tiere zu vertrauen.

Man sollte niemals vergessen, sich zum Abschluss bei dem Tier für seine Hilfe und Geduld zu bedanken. Ich habe oft das Gefühl, dass Tiere viel stärker im Einklang mit unseren Energien und unserer Natur stehen als wir selbst und *sie unsere* Lehrer und Führer sind. Es muss frustrierend für sie sein, nicht verstanden zu werden, wenn sie sich ernsthaft bemühen, unsere Aufmerksamkeit für bestimmte Dinge zu wecken, welche die Familie oder die Umwelt betreffen und die unbedingt angegangen werden müssen.

Dieser Umstand kann zu einer sehr ablehnenden Verhaltensweise führen, wodurch viele Tiere ihr Zuhause und sogar ihr Leben aufs Spiel setzen können. Wir müssen unbedingt lernen, uns ihrer Botschaften bewusster zu werden und danach zu handeln. Also: Üben, üben, üben!

Val Heart wirkt als Tierkommunikator und Energieheiler in San Antonio, Texas. Ich habe mit Leuten gesprochen, deren Hunde, Katzen, Pferde, Büffel und sogar sie selbst ihr Leben völlig veränderten, nachdem Val mit ihren Tieren kommunizierte.

Val gibt folgende Ratschläge:

Wir alle besitzen die angeborene Fähigkeit, über die Entfernung mit anderen zu fühlen und Verbindung aufzunehmen, aber wenn wir heranwachsen, lehrt uns die Gesellschaft andere Kommunikationswege, und wir vergessen oft, mit unserem „Herzverstand" zu „lauschen". Es gibt einige Grundprinzipien zu beachten, wollen wir unsere eigene Kommunikationsfähigkeit entfalten. Einen besonderen Stellenwert nimmt unsere Haltung Tieren gegenüber ein. Sie bestimmt mehr als alles andere unsere Aufnahmebereitschaft für das, was sie uns mitzuteilen haben, und beeinflusst ihre Bereitwilligkeit, ungezwungen mit uns zu kommunizieren.

Die Einstellung, Tiere seien in gewisser Weise minderwertiger als Menschen, muss augenblicklich korrigiert werden. Bist du jemals einem Menschen begegnet, der *dich* offensichtlich als minderwertig betrachtete? Vielleicht brachten ihn äußere Umstände, wie Geburt, Familie, Geld oder seine Zugehörigkeit zu einer anderen Klasse oder Gruppe, auf diesen Gedanken, und er ließ es dich beglückt wissen. Vielleicht behandelte er dich von oben herab. Solltest du eine derartige Erfahrung gemacht haben, dann weißt du, wie es sich anfühlt. Du magst Unbehagen, Ärger oder Frustration empfunden haben und zeigtest dich sicherlich nicht sehr aufgeschlossen, mit diesem Menschen zu kommunizieren oder zumindest nicht in liebevoller Weise.

Wir dürfen nicht vergessen, dass Tiere denken, fühlen und ihre eigenen Entscheidungen treffen, basierend auf ihren Erfahrungen und ihrem Verständnis – genau wie wir Menschen! Ihre Körpersinne sind um ein Vielfaches schärfer als unsere (gewöhnlich!), weshalb sie sich Dingen bewusst sind, von denen wir keine Ahnung haben. Viele Tiere verfügen über mehr Kraft als die Menschen, und ihr Instinkt ist feiner ausgebildet. Hinzu kommt, dass die meisten Tiere Energien, Frequenzen und sogar Wesen wahrnehmen, die uns weitgehend verborgen bleiben.

Kann man angesichts dieser Faktoren wirklich glauben, sie seien weniger intelligent als wir, nur weil sie in einer Tierform leben? Nur weil jemand nicht unsere Sprache spricht, bedeutet dies noch lange nicht, dass er unsere Wertschätzung und Bewunderung nicht verdient. Respektiere und anerkenne die Tiere als intelligente Mitbewohner dieses Planeten. Bewundere ihre geistigen Qualitäten und Fähigkeiten und erkenne ihre Arbeit und Aufgabe an. Dies allein vermag deine gesamte Beziehung zu verändern und zu vertiefen, und sie werden aufgrund dieses Wandels eine Kommunikation mit dir zulassen und fördern. Sobald du sie als intelligente, reaktionsfähige Wesen mit geistigen Qualitäten, die du bewundern und von denen du lernen kannst, betrachtest und respektierst, wirst du sie auf einer sehr viel tieferen Ebene kennenlernen.

Denke nun über deine Beziehung zu deinem Tierfreund nach. Handelst du herablassend? Missachtest du ihren Standpunkt? Setzt du dich über ihre Bedürfnisse oder Instinkte hinweg? Verlangst du von ihnen, etwas zu tun, das sie nicht können oder etwas (jemand) zu sein, was nicht möglich ist? Unsere Tiere wollen gehört werden und möchten uns helfen. Wir müssen sie nicht abrichten, sondern hinhören und anerkennen, wer sie sind. Wir sollten uns öffnen, respektvoll zuhören und ganz bei ihnen sein.

Wir, die wir für sie sorgen, üben einen gewaltigen Einfluss auf unsere Tiere aus. Wie wir handeln, was wir sagen, denken, entscheiden und fühlen, kann ihre Welt aus den Angeln heben oder verankern. Je ausgeglichener *wir* sind, desto weniger gestresst sind *sie*. Ihr angebliches Problem mag im Grunde genommen auf die familiäre oder menschliche Verknüpfung zurückzuführen sein.

Sollte es Schwierigkeiten mit deinem Tierfreund geben, überprüfe deine eigenen Belastungen. Fällt dir die Auseinandersetzung mit den zahlreichen Herausforderungen des Lebens schwer, kannst du davon ausgehen, dass auch dein Tierfreund Probleme hat. In einem solchen Fall sollte man sofort einen Weg beschreiten, der zu stärkerer Ausgeglichenheit führt. Beschäftige dich vermehrt mit Dingen, die du liebst, und verbringe Zeit mit jenen, die dir am Herzen liegen.

Tiere bemühen sich intensiv, um in irgendeiner Weise Kontakt zu uns aufzunehmen. Sie versuchen es mit der Körpersprache, dem stimmlichen Ausdruck, Vorführungen und sogar, indem sie uns unverwandt anschauen und nahezu „wollen", dass wir sie verstehen. Viele Tiere lassen mich wissen, dass sie die Menschen für beschränkt halten, weil sie es einfach nicht verstehen. Dies liegt daran, dass sich jede Kommunikation in erster Linie auf einer von Geist-zu-Geist- und Herz-zu-Herz-Verbindung aufbaut. Diese Kommunikationsebene ist vielschichtig, nahezu augenblicklich, unmittelbar und ehrlich. Sie enthält metaphorische Aspekte, Emotionen, Absichten, Einstellungen und Überzeugungen, gefolgt und unterstützt von Handlungen. Jedes Tier (einschließlich des menschlichen Tieres!) verfügt über die angeborene Fähigkeit, sich mit anderen auf dieser Ebene in Verbindung zu setzen.

Versuche, an eine Betätigung zu denken, die dein Tier liebt. Unternimm nichts, denke nur daran, spazieren zu gehen, ein Spiel zu spielen oder ihm seine Lieblingsleckerei anzubieten. Betrachte innerlich dein Handeln. Spüre, wie es sich anfühlt, fühle die Freude, die es bei deinem Tier auslöst, und wenn es sich um etwas Essbares handelt, „rieche" den Duft und „schmecke" den Geschmack.

Stelle dir nun die Reaktion deines Tieres vor. Achte darauf, ob du seine Aufmerksamkeit auf dich gezogen hast und ob sich seine Energieebene verändert. Hat das Tier nichts bemerkt oder sich nicht verändert, verliere nicht den Mut. Versuche es erneut und vergewissere dich dieses Mal, dass du seine Aufmerksamkeit gewinnst, bevor du beginnst, oder wähle einen ruhigeren Zeitpunkt mit weniger Ablenkung, um eine Verbindung aufzubauen.

Verändert sich seine Verhaltensweise und schenkt das Tier dir deine Aufmerksamkeit, dann lasse auch die Belohnung folgen. Wisse, dass du soeben telepathisch mit deinem Tierfreund in Verbindung getreten bist! Nimm dir jeden Tag ein wenig Zeit, um deinem Tierlehrer zuzuhören und ihm deinen Respekt zu zollen. Achte darauf, was das Tier dir mitteilen will. Ist es „unausgeglichen" oder richtet es Schaden an, dann forsche in deinem eigenen Leben nach und suche nach Unausgewogenheit und Missklängen. Ist das Tier ganz einfach es selbst, liebevoll und fröhlich, lasse dich dankbar und aufrichtig mit ihm dahingleiten.

Lynn McKenzie lebt in der wunderbaren und geheimnisvollen Stadt Sedona, einem Ort, den ich liebe. Lynn hat das Verhältnis von Leuten zu ihren lebenden Tierfreunden unterschiedlichster Art grundlegend zu verändern gewusst. Ihre herausragende Arbeit besteht für mich in der Tatsache, dass sie Botschaften von verstorbenen Tieren übermittelt.

Hier ihre Ratschläge.

Für mich bedeutet der Zugang zu den Seelen unserer geliebten Tiergefährten, um an ihrer wunderbaren Weisheit teilnehmen zu dürfen, ein einmaliges Geschenk. Ich glaube, dass es für jeden von uns ein Geburtsrecht und eine Aufgabe ist, die es zu meistern gilt, vorausgesetzt es herrschen die richtigen Bedingungen und Überlegungen. Voraussetzungen sind eine starke Intention, Vertrauen und vielleicht sogar ein Glaubenssprung. Ich beschreibe die Verbindung zu Tieren gerne als „Herzenskontakt", da es sich tatsächlich um die Sprache des Herzens handelt, die sich oft gewaltig von dem gesprochenen Wort unterscheidet. Dieser Kontakt mag sich uns in Form von Gefühlen, Eindrücken, Bildern, Symbolen, Lauten, Geschmack, Gerüchen oder, wie ich es nenne, „innerem Wissen" offenbaren. Er mag sich auch in alltäglichen Worten äußern, die man hört, wenn man „in sich hineinhorcht". Diese Worte mögen wie unsere eigene Stimme klingen oder wie die Stimme eines anderen. Zu Beginn meines Unterrichts pflege ich die Teilnehmer zu fragen, ob sie bereits einen Kontakt zu ihrem Tierfreund aufbauen konnten, was in den meisten Fällen bejaht wird, woraus sich schließen lässt, dass es auch dir gelingen wird.

Die folgenden Vorschläge sollen dazu beitragen, deine eigenen Fähigkeiten zu verbessern:

1. Es ist wichtig, den Geist zum Schweigen zu bringen, was auf verschiedene Weise geschehen kann. Ich persönlich bevorzuge es, mich eine Weile in der Natur aufzuhalten.
2. Erkläre eindeutig deine Absicht, als wolltest du sie in das Universum hinausrufen.
3. Stelle dir vor oder gib vor, dass du die Fähigkeit bereits beherrschst.
4. Stelle dir eine Einstellskala des Vertrauens vor, vergleichbar mit der Skala eines Radios, und drehe sie voll auf.
5. Öffne dein Herz möglichst weit und visualisiere seine reine rosa-farbene Energie ausströmen und sich mit dem Herzen deines Tiergefährten verbinden.
6. Beginne die Kommunikation, indem du einige Fragen stellst.

7. Achte auf die ersten flüchtigen Informationen, die du wie Blitzstrahlen auffängst. Dies sind die Perlen.
8. Achte darauf, die negative Stimme in deinem Kopf auszuschalten, die dir einreden will, dass du nicht fähig dazu bist.
9. Fühlst du dich blockiert, visualisiere den Energieblock als farbige Lichtwolke, die sich auflöst oder dahinschmilzt.
10. Sollte sich die Kommunikation nicht leicht einstellen, bitte darum, dass es am nächsten Tag, in der folgenden Woche oder im nächsten Monat gelingen möge, um den Erwartungsdruck zu nehmen (was meinen Schülern stets hilft).
11. Besonders wesentlich ist es, sich mit Freude auf die Information vorzubereiten, die deinem Leben eine neue Wende geben und dich auf deinem spirituellen Weg weitertragen mag.
12. Bringe deine Dankbarkeit für alles, was du aufgenommen hast, zum Ausdruck.

Dieser Vorgang eignet sich ausgezeichnet für eine Kontaktaufnahme mit den Seelen verstorbener Tiere, was einen wesentlichen Teil meiner Arbeit ausmacht. Von der anderen Seite aus verstärkt sich die Führung und Belehrung unserer Freunde.

Die Verbundenheit mit den Seelen unserer Tierfreunde im Jenseits hilft uns nicht nur bei der Bewältigung der Trauer über ihren Verlust, sondern vermag in vielerlei Hinsicht heilend zu wirken. Ich glaube, Tiere gesellen sich im Leben zu uns, um uns zu helfen, spirituell zu wachsen, weiterzuschreiten und unsere eigene einzigartige Aufgabe zu verwirklichen. Diese Rolle endet nicht mit ihrem physischen Ableben. Im Gegenteil, sie intensiviert sich. Versuche also bitte, mit Hilfe jener Schritte Kontakt zu deinem Tierfreund im Jenseits aufzunehmen, und sei offen für die wunderbare Weisheit, die er zu vermitteln hat.

Es ist eindeutig eine Bewegung in Gang gekommen, bei der sich die Tiere mit uns zusammentun, um unseren geistigen Fortschritt zu fördern und auf diese Weise unser Bewusstsein zu heben, und ich denke: „Warum nicht mitziehen?"

Stefano Apuzzo / Monica D´Ambrosio
Auch Tiere haben Seelen
Taschenbuch, 286 Seiten
ISBN 978-3-89427-470-2

Sind unsere vierbeinigen Freunde unsterblich und sehen wir sie im Jenseits wieder? Die Autoren dokumentieren anhand einer Fülle von faszinierenden Beiträgen die geistigen Wirkkräfte in den Seelen der Tiere und ihre Bedeutung für den Menschen. Vor allem aber zeigen sie die Aufgaben des Menschen in der Betreuung jener kleinen Mitgeschöpfe auf, die ihm vom Göttlichen Plan in die Obhut gegeben worden sind.
Besonders berührend in diesem bewegenden Werk sind die viele Erfahrungsberichte über die Tiere im Jenseits.

Sabine Arndt & Petra Kriegel
Wenn Tiere ihren Körper verlassen
Paperback, 165 Seiten,
ISBN 978-3-89427-391-0

Der Tod eines geliebten Haustieres ist für viele Menschen ein häufig sehr schmerzhaftes Geschehen. Zum einen verlieren sie einen treuen Freund, zum anderen fehlt oft das Wissen, dass auch Haustiere eine Seele haben, die in einer anderen Welt weiterlebt.
Die Tier-Heilpraktikerinnen Sabine Arndt & Petra Kriegel haben einen liebevollen und überaus einfühlsamen Wegbegleiter verfasst, um den Übergang der Tiere in die jenseitige Welt zu erleichtern – für das Tier und für den Menschen.
Dieser wertvolle Ratgeber schildert im Einzelnen die verschiedenen Sterbephasen und welche Hilfestellungen man den Tieren dabei jeweils geben kann. Dazu kommen hilfreiche Tipps und Rituale für diejenigen, die ein Tier während der Loslösung von seiner körperlichen Hülle begleiten.